CB078982

Gravidez na adolescência

Albertina Duarte

Gravidez na Adolescência

AI, COMO EU SOFRI POR TE AMAR

CIP-Brasil. Catalogação-na-fonte
Sindicato Nacional dos Editores de Livros, RJ.

Duarte, Albertina
D87g Gravidez na adolescência: ai, como eu sofri por te amar / Albertina Duarte. – Rio de Janeiro: Record: Rosa dos Tempos, 1998.

ISBN 85-01-05455-0

1. Educação sexual para a juventude. 2. Gravidez na adolescência. 3. Anticoncepção. I. Título.

98-1444
CDD – 613.9507
CDU – 613.88-053.6

Editora e coordenadora de texto: Rose Marie Muraro
Projeto gráfico e produção editorial: Celso Cunha Jr.
Digitação: Rosana Alves Feitosa
Editoração: BAW Ltda.

Direitos exclusivos de publicação desta edição adquiridos pela
EDITORA ROSA DOS TEMPOS
Um selo da
DISTRIBUIDORA RECORD DE SERVIÇOS DE IMPRENSA S.A.
Rua Argentina 171 – Rio de Janeiro, RJ – 20921-380 – Tel.: 585-2000

Impresso no Brasil

ISBN 85-01-05455-0

PEDIDOS PELO REEMBOLSO POSTAL
Caixa Postal 23.052
Rio de Janeiro, RJ – 20922-970

SUMÁRIO

À Clínica Ginecológica do Hospital das Clínicas da Faculdade de Medicina da Universidade de São Paulo

À Organização Mundial de Saúde

À Organização Pan-Americana de Saúde

À Secretaria do Estado de São Paulo

Aos Municípios e Estados do Brasil que implantaram o Programa de Atenção Integral à Saúde do Adolescente

Aos serviços dos países que visitei a trabalho e estudo

À Comissão Científica, Executiva e Profissionais do Programa de Atenção Integral à Saúde do Adolescente do Estado de São Paulo

À Maria do Carmo de Sant'Ana, Darcy de Oliveira Pinto, Dra. Maria Lúcia Monteleone, Dr. Francisco Mendes, Dr. Chaffic Abduch, Delmar Freire (que colaboraram neste livro)

Aos jornalistas, Sindicatos e Artistas (Ney Latorraca)

Aos Órgãos de Imprensa

Aos funcionários

Ao Professor Dr. Àlvaro da Cunha Bastos (sempre)

Aos amigos de todas as horas

Às minhas famílias

Às minhas pacientes de todas as idades

A todos os adolescentes

Meus agradecimentos

AOS MEUS FILHOS ÁLVARO E FABIANA

INTRODUÇÃO:
A GRAVIDEZ NA ADOLESCÊNCIA HOJE

Estima-se que no Brasil, a cada ano, um milhão de adolescentes entre dez e vinte anos dão à luz, o que corresponde a 20% do total de nascidos vivos.

O número médio de filhos de uma adolescente de 15 anos era de 1,2% em 1970, passando para 2,1 em 1980, para cada cem mulheres em idade fértil. A possibilidade das adolescentes entre 15 e 19 anos terem um filho varia entre setenta por mil nascimentos, com valores superiores a cem em alguns estados do Norte e Nordeste e inferiores a sessenta em estados do Sul do país.

A proporção de mães menores de 15 anos vem mostrando um aumento que duplicou seu valor entre os anos de 1975-80 e um crescimento notavelmente maior do que para o resto das mulheres, depois de 1982. Sabe-se que no estado de São Paulo, em 1985, tinham sido registrados aproximadamente três mil crianças cujas mães eram menores de 15 anos. O fato de existir na população a crença de que, sendo a mãe menor de idade, não pode registrar seu filho, acrescentando-se o incômodo de se declarar mãe tão precocemente, faz com que normalmente tenhamos este valor substimado. Os estudos têm também demonstrado que 40% das adolescentes tornam a ficar grávidas depois dos 36 meses da primeira gestação.

Contrastando com constantes aumentos na feminilidade das mulheres mais jovens, depois de 1970, a tendência geral da fecundidade da mulher brasileira é de diminuição ininterrupta e generalizada em todo o país.

O Programa de Saúde do Adolescente do Estado de São Paulo — num estudo sobre Sexualidade e Contracepção na Adolescência, em 1991, com uma amostra de 250 mães adolescentes, inscritas no serviço de Referência do Posto de Saúde de Tatuape, compreendidas na faixa etária entre 14 e 19 anos completos — constatou que 28% ficaram grávidas nos três primeiros meses após o início da atividade sexual, 70% não utilizaram nenhum método contraceptivo na primeira relação, apesar de que 80% sabiam que podiam ficar grávidas e 68% tinham "grande" preocupação com a hipótese. Os dois motivos principais que levaram ao início da atividade sexual foram para 52% a idéia de que a relação sexual é parte do namoro e para 40% a excitação. Durante o estudo, 54% utilizavam um método contraceptivo, 10% desejavam a gravidez, por isso interromperam seu uso, 48% declaravam ter a colaboração do companheiro no uso do contraceptivo (83% moravam com o pai da criança).

A gravidez na adolescência não é um episódio, é parte do processo de busca de identidade, procura na qual a adolescente pode ter dificuldades em relação ao espaço e ao tempo, e que a faz assumir atitudes de rebeldia, buscar grupos menores ou até marginalizados que a compreendam, tentar soluções mágicas para seus problemas, criar juízos de valor e desprezar o que os adultos lhe impuseram e por isto desenvolver atitudes agressivas com aqueles à sua volta.

Constantemente tem necessidade de sonhar, escolher idéias com as quais pode se identificar e se refugiar na fantasia para realizar suas experiências e conquistas.

As primeiras relações sexuais não serão programadas, mas sim imprevisíveis, se não houver diálogos constantes, contínuos e carinhosos, cara a cara, desde a infância, entre família e adolescente. A sensação e a excitação ocorrem em momentos inesperados, em lugar não-programado, e a adolescente acaba experimentando uma nova situação, tendo a primeira relação sem maiores precauções.

Resulta, assim, muito importante que os adultos saibam lidar com o descobrimento da primeira relação sexual da adolescente, sem traumas, culpas, cobranças e ameaças, pois o assunto da contracepção para as adolescentes é um problema difícil de ser enfrentado e elas precisam ser ajudadas.

Outro estudo, coordenado pelo Programa de Saúde do Adolescente, mostrou que entre duzentas adolescentes com atividade sexual, 23% não conheciam nenhum método contraceptivo, 52% tinham ouvido falar da pílula, 12% de lavagens, 15% de coito interrupto, 9% em curativos, 5% em DIU, 3% no método do ritmo e 6% em ligadura, sendo que do total das duzentas adolescentes, apenas 5% utilizaram algum deles.

Esta amostra nos levou a pensar que não é suficiente que a adolescente conheça os métodos contraceptivos para garantir o seu uso. Como a atividade sexual não é autorizada socialmente, seu psiquismo produz bloqueios e "esquecimentos" que levam a não utilizá-los.

Ao nível consciente a adolescente pode citar até vantagens e desvantagens de cada método, mas por falta de maturidade emocional, pelo sentimento de culpa em relação à sua sexualidade ativa e por uma série de coisas que produz medo nas adolescentes (faz mal à saúde, engorda, produz câncer, deixa estéril), a utilização se torna complicada, ameaçando a disposição para assumir qualquer um que seja.

Neste sentido, as taxas de fecundidade crescentes da mulher adolescente são um desafio que merece uma preocupação maior, uma reflexão contínua, já que a gravidez na adolescência, de um modo geral, é enfrentada com muita dificuldade.

Em uma outra pesquisa, com ambos os sexos, foi possível se dimensionar a distância existente entre o saber para que servem os métodos anticoncepcionais e usá-los para evitar a gravidez. Eis os resultados:

Quesitos	Nºs. Absolutos	%
Sabem para que servem os métodos anticoncepcionais	1.351	86,7
Dos 633 que transaram, não utilizaram nenhum método na primeira relação	461	70,1
Responderam que não pensaram em nada na primeira relação	714	45,8
Responderam que evitaram a gravidez	544	34,9
Responderam que não sabiam o que fazer para a menina não engravidar	183	11,7
Responderam que não precisavam fazer nada	115	7,4

Obs: Os 461 adolescentes que não usaram nenhuma proteção contra a gravidez na primeira relação sexual alegaram: porque esqueceram 60,1%; porque não têm acesso 11,6%; porque são desconfortáveis 10,2%; porque fazem mal 9,7%; porque queriam engravidar 1,3%; porque queriam por outro motivo 7,3%.

Outros resultados apontados pela mesma pesquisa:

As sensações na primeira relação foram:

Por parte da menina	Nºs. Absolutos	%
Medo	797	51,2
Prazer	320	20,5
Outros	441	28,3
Por parte do menino	**Nºs. Absolutos**	**%**
Medo de falhar	656	42,1
Prazer	455	29,2
Confiança	193	12,4
Outros	254	16,3

Como os adolescentes pensam em resolver seus problemas?	Nºs. Absolutos	%
Conversando	294	19,7
Com indiferença	247	16,1
Brigando	239	15,3
Com carinho	161	12,2
Com tudo isso	543	36,5

Os meios de comunicação estimulam condutas e comportamentos que privilegiam o erotismo, o culto ao corpo, a busca do prazer físico, o sexo como uma mercadoria de consumo, e ao mesmo tempo na sociedade, em seu conjunto, ainda existe muito pouco a ser oferecido em termos de garantias físicas, psicológicas e sociais para que os adolescentes, homens e mulheres, possam, com tranqüilidade, usufruir de sua sexualidade.

As adolescentes, que engravidam e fazem pública uma conduta clandestina, passam rapidamente da situação de filha para a de mãe, de querer colo para dar colo, numa transformação violenta da mulher ainda em formação para uma mulher adulta, mãe, vivendo uma situação conflitiva e, em grande parte dos casos, penosa. Se para a mulher adulta ser mãe é difícil, tendo dificuldades de intervir com seu companheiro, mais dificuldades terá uma adolescente para assumir o novo papel. Ela, que ainda está se adaptando com a aparição dos pêlos, com o crescimento das mamas, dos braços e pernas, com o contorno das novas formas, durante nove meses sofrerá outras transformações que podem fazê-la esquecer de seu corpo de adolescente.

"Que bárbaro, eu era assim?" Ela que ainda sonha com fadas e duendes durante a gravidez se deixa envolver por fantasias, medos e dúvidas. Sente medo de morrer no parto, de que o bebê nasça com algum defeito, da dor mais forte do mundo "que é sofrer no paraíso".

Depois do parto, ela, que adorava ir a festas, bailar e cantar, terá que balançar seu corpo ao som do choro do bebê; ela, que podia caminhar pelas ruas do bairro, agora se incomoda ao ser mostrada como exemplo; se estiver casada perceberá como é difícil ser adolescente, mulher e mãe; se não casou, enfrentará varias pressões da família; se se relaciona com um namorado, a família dele a perseguirá; as casadas e as solteiras param de estudar e às vezes, também, de trabalhar. Interrompem bruscamente sua formação para se esconder primeiro da sociedade e depois cuidar do bebê.

Se a adolescente já não estudava, dificilmente a curto prazo pensará em freqüentar a escola. Terá dificuldades em transformar-se em profissional, integrar-se ou colocar-se no mercado de trabalho e isto a levará a aceitar qualquer trabalho que seja e por qualquer salário.

Cada olhar, cada palavra, cada gesto da sociedade, a adolescente interioriza profundamente junto com aquilo que já sentia: a adolescência não é o melhor momento para ser mãe. A primeira gravidez portanto não imuniza, pelo contrário, fragiliza, fragilidade que pode prejudicar medidas futuras de proteção diante do relacionamento com o companheiro ou com futuras relações.

Novamente, o pacto de magia prevalecerá, "não é possível que aconteça de novo", e acontece...

É muito importante que a adolescente tenha oportunidade de juntar seus pedaços e que cumpra seu papel de mulher, adolescente e cidadã. Ela precisa estar inteira para viver o papel de mãe e permitir-se ter ou não novos relacionamentos, planejar sua atividade sexual, repensar sua vida escolar e profissional, readquirir e estimular sua auto-estima para poder, como é seu direito, viver plenamente.

Sabe-se que ainda são poucas, dentro do universo de mães adolescentes, as que puderam contar com a compreensão dos familiares, do mundo adulto e dos profissionais devidamente preparados que as ajudaram a encontrar os caminhos para recuperar a alegria e a esperança de superação das situações difíceis pelas quais se passa numa gravidez na adolescência.

Por isso é necessário, cada vez mais, que os programas e os profissionais, que têm como objetivo uma população de adolescentes, aprofundem seus conhecimentos e suas ações em cadeias de prevenção contínua, passem a combater os fatores que colocam em risco as expectativas de futuro das adolescentes e fortaleçam os fatores que protegem a saúde e a vida. A prevenção se faz com garantias sociais no atendimento integral, multiprofissional e intersetorial; no acesso a uma educação que compreenda os aspectos da adolescência normal, seus riscos e seus desafios; na criação de espaços onde a adolescente possa falar de suas dúvidas, de seus problemas, de seus sonhos; no incentivo do amor pelo conhecimento e pelos livros, num resgate das raízes da nossa identidade e da nossa tradição, na valorização da nossa história. Também se faz através de garantias de acesso à cultura e esportes, como uma forma de incentivar um potencial criador; de garantias no processo de formação profissional de acordo com a vocação; de garantias de direitos iguais entre os homens e as mulheres; de garantias de falar, ouvir e ser compreendido; de garantias de conviver com estilos de vida saudáveis que levem a adolescente a ser um agente multiplicador de sua saúde, da de seus companheiros e da comunidade em que vive.

E o Programa de Saúde do Adolescente do Estado de São Paulo, desde sua implantação em 1986, tem tido como elemento articulador as ações entre diferentes organismos governamentais e não-governamentais, em seu sentido prático de estar desenvolvendo uma Política de Juventude que fez possível o Estatuto de Criança e do Adolescente.

Albertina Duarte Takiuti

A MULHER ADOLESCENTE

1

As indagações "*quem sou eu?*" e "*o que está acontecendo comigo?*" são comuns a homens e mulheres adolescentes. As respostas sociais, no entanto, são diferentes para o adolescente homem e para a adolescente mulher. O que os diferencia enquanto gênero é a universalidade da discriminação a que a mulher adolescente está submetida.

Atualmente, quais os fatores que serviriam para marcar a passagem da menina para o mundo adulto? A menstruação, talvez? Ou a primeira relação sexual? Abandonar a escola e assumir as tarefas da casa tem sido uma realidade para muitas. Para outras, esta realidade é ter coisas como a chave de casa, viajar sozinha, passar no vestibular, ingressar no mercado de trabalho ou formar-se. Ou mesmo, quem sabe, é casar, ter filhos ou assumir a chefia da família? E a menina de rua? Como é feito seu trânsito entre a infância e a vida de adulta? É difícil responder. Do ponto de vista social, esses fatores não só são diluídos como se diferenciam de acordo com a classe social da adolescente e das vivências possíveis dentro de cada segmento de classe.

A adolescente vai se descobrindo mulher através dos olhos dos outros.

Na rua, ouve galanteios dos homens, percebe os olhares de admiração e interesse. Em casa, a forma de tratamento vai mudando. Torna-se objeto de preocupação e vigilância para a família. Passa horas em frente ao espelho, tentando descobrir um toque pessoal. Arruma e desarruma os cabelos, pinta-se, às vezes até exageradamente, procurando encontrar sua nova identidade, ser mulher.

Embora os papéis sexuais sejam socialmente definidos desde a infância, é na adolescência que a marca da distinção entre os dois sexos se faz sentir com maior força.

Para os rapazes, permissões e incentivos; para as garotas, proibições, restrições, culpas e cobranças. A mulher adolescente vive num intenso conflito entre o querer e o não poder iniciar a sua atividade sexual. É refreada e reprimida pela família quando começa a namorar. É pressionada pelo grupo de amigos por ainda ser virgem.

O desenvolvimento da sexualidade é um dos pontos mais misteriosos para os adolescentes, dentre os muitos a serem desvendados. A mídia, conhecedora das características dessa fase da vida, vem estimulando condutas comportamentais que privilegiam a descoberta precoce da sexualidade. Já as brincadeiras e os jogos sexuais, que poderiam significar tão-somente um lado do autoconhecimento, são reprimidos. A masturbação, pela sociedade considerada normal para os rapazes, é vista como extremamente preocupante se observada nas meninas e é vivida com sentimentos de culpa, que podem comprometer a vida sexual da mulher adulta. Poucas adolescentes dirão "*me tocar foi a forma que encontrei para o prazer*", embora uma boa parcela faça exatamente isso.

Revistas femininas de grande circulação, programas de rádio e de televisão estão cheios de receitas para se viver o prazer, mas todos na linha dos **múltiplos orgasmos**. Pouco se fala sobre o prazer do encontro, do olho no olho, do frio na barriga, da vivência da relação, do sentir o outro. O prazer, assim, fica restrito às relações sexuais. O prazer de estar indo bem nos estudos, de receber elogios em casa, na rua e na escola, de sentir-se valorizada intelectualmente é pouco estimulado nas mulheres. O prazer de sentir o corpo voar no esporte, no teatro, na dança; ou prazer das viagens imaginárias, das viagens literárias ou o de sentir-se inteira como um ser socialmente participante — esses prazeres não são citados.

Para ambos os sexos, o processo de crescer, independentizar-se, assumir novos papéis, tornar-se homem ou tornar-se mulher, também será mais ou menos facilitado de acordo com a carga dos estereótipos sexistas presentes no ambiente familiar.

Nascemos com anatomia tanto do sexo feminino quanto do masculino, porém se aprende e apreende a ser feminino ou masculino no processo de socialização. "*Menino não chora; menina tem que ser obediente.*" "*A mulher deve ser virgem; o homem, muito experiente nas práticas sexuais.*" A diferença cria conflitos, assinala a valorização do homem e reafirma a desvalorização da mulher.

A família tem sido o melhor agente de transmissão do sexismo.

Desde pequena, através da observação e convivência, a criança absorve atitudes e comportamentos que vão definindo valores e papéis sexuais — mitos como o da superioridade masculina, de que a mulher é o sexo frágil, de que é cidadã de segunda classe, de que a ela cabe a reprodução da espécie, de que a desigualdade é natural, de que ela deve ser complacente, servir, seduzir e estimular o homem, ser dócil, abnegada, símbolo sexual etc. etc. etc.

O culto dos estereótipos, como festejar o nascimento de meninos com longas comemorações — "*nasceu menino-homem*" —, e a atmosfera do silêncio, que cerca o nascimento de meninas — "*na próxima vez a gente acerta*" — são práticas discriminatórias que procuram culpar a mulher até pelo sexo dos seus filhos. Poucas pessoas sabem que o cromossomo Y, que define o sexo masculino, é trazido apenas pelo espermatozóide.

Pesquisas relativamente recentes mostram que, dependendo da época do período fértil e da alimentação da mulher, pode haver maior facilidade de penetração do cromossomo X ou Y do espermatozóide.

A menina deve ficar em casa, ajudando a mãe, cuidando e atendendo aos demais. O menino está sempre fora, brinca e briga, apanha e bate na rua.

A mensagem é clara: à mulher cabe o mundo privado, enquanto que o mundo público pertence ao homem, mesmo quando a mulher nele se insere.

A adolescente, então, que durante pelo menos uma década da sua vida ouviu que "*o mundo é a casa do homem e a casa é o mundo da mulher*", é induzida a censurar seus desejos e potencialidades e a restringir suas aspirações aos limites convencionais. O mundo profissional destina a mulher a uma situação de subordinação, a manter as coisas como estão, a receber menos por trabalho igual, à dupla jornada, a se especializar menos, a descuidar mais cedo de sua formação.

Os estereótipos podem privar as meninas de autonomia em razão do seu sexo, inibir seu desenvolvimento e constituir um obstáculo à igualdade de oportunidades e a todos os princípios de igualdade entre os sexos até hoje conquistados, através da história de luta do movimento feminista nacional e internacional.

> Imagens estereotipadas e mutilantes levam a que a sociedade prive-se de um considerável potencial humano.

O CORPO DE UMA ADOLESCENTE

2

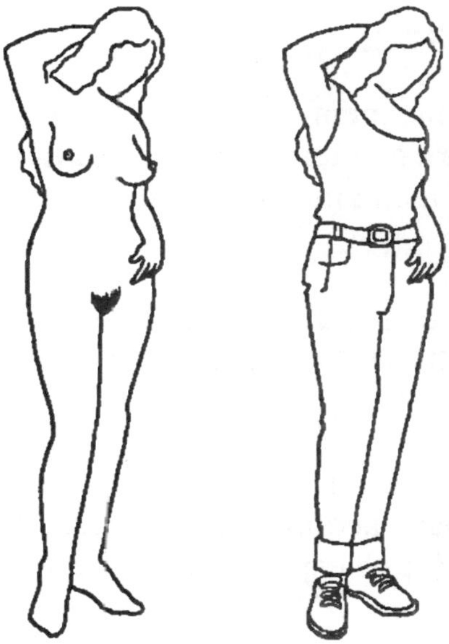

Tudo começa quando a mulher ainda parece uma sementinha na barriga da mãe. Nesta sementinha estão todas as informações de que o organismo precisa para começar a transformação: são uns trinta mil genes, as características hereditárias, herdados do pai e da mãe. Eles vão determinar coisas como a cor dos olhos e o tipo físico. Estes genes também funcionam como uma espécie de fermento, que vai transformar a semente em plantinha e fazê-la crescer, até que no final na infância, lá pelos nove, dez anos, o organismo bota o pé no acelerador. Quem inicia os preparativos desta viagem é uma glândula do tamanho de um grão-de-bico, chamada **hipófise**. Lá no seu lugar, no meio do cérebro, ela fabrica umas secreções, os hormônios, que entram no sangue e circulam pelo corpo, avisando que é hora da mudança. Um dos primeiros sinais de que estes hormônios estão em movimento é quando a menina coloca a mão no peito, antes lisinho, e descobre que tem algo diferente ali. Pode ser até um pouco dolorido: são os seios que começam a despontar.

Neste ponto, a alegria e o orgulho de estar cada vez mais próxima do primeiro sutiã quase sempre esbarram num susto. É comum um seio crescer mais depressa que o outro, criando uma diferença em tamanho e um aumento de ansiedade. **Mas nada de pânico.** Os seios levam de um a dois anos para chegar à metade do tamanho que terão na vida adulta, e quase sempre apresentam ligeiras diferenças entre um e outro.

No corpo, raramente as metades são iguais.

Crescer, Crescer...

Entre os dez e os 12 anos, muitas meninas espicham tanto que, aos 13, já atingiram 90% da altura que terão quando adultas. De novo, é a glândula hipófise que manda mensagens de crescimento para o corpo todo.

De qualquer modo, sua altura tem mais a ver com os genes que herdou de seus pais do que com a idade.

E nem todos os adolescentes crescem de repente. Alguns são do time devagar e sempre. E, para acompanhar este tal de **estirão do crescimento**, como dizem os especialistas, o apetite também muda.

Penugens e Pelinhos

Nessa mesma época, surge uma penungem lá embaixo, em volta dos grandes lábios vaginais. Os quadris se alargam e a cintura se acentua suavemente. Aparecem os pelinhos das axilas, o cheiro do corpo fica diferente e a transpiração mais intensa. É a vez das primeiras depilações e do primeiro desodorante.

Tudo isto vai acontecer quando a adolescente estiver pesando uns quarenta quilos, mais ou menos.

Claro que as diferenças de menina para menina são enormes nesta fase.

O QUE ESTÁ
ACONTECENDO
COMIGO?

Algumas, por exemplo, não apresentam o menor sinal de crescimento dos seios. Outras estão tão desenvolvidas que ficam envergonhadas diante das amigas, andando curvadas, ombros para a frente a fim de esconder a **diferença**.

Ficar se comparando com outras meninas nessa época é quase inevitável, e muitos grilos poderiam ser evitados se um simples fato fosse lembrado: não existe ser humano igual a outro.

O corpo precisa de um a dois anos de preparação para o grande acontecimento que encerra esta fase inicial da adolescência: a primeira menstruação ou menarca.

Comer, Comer?

A maioria dos adolescentes vive com a sensação de que está com um buraco sem fundo no lugar do estômago. Estes períodos de apetite desesperado às vezes desaparecem e, em lugar da fome, vem uma vontade louca de viver de brisa. Nesta fase, nenhuma comida parece ser atraente. **Cuidado. Os dois extremos são perigosos.** Comer demais dá no que dá. Do dia para noite você deixa de caber naquele *jeans* que curte tanto e qualquer coisa que jogar por cima do corpo vai parecer enfeite de elefante.

Comer de menos também é perigoso. Você pode ficar com queda de resistência, anemia, e aí é complicado.

O ideal é que se alimente de maneira equilibrada, não deixando que nada falte ao seu corpo para que ele se desenvolva com harmonia.

Espelho Meu...

Depois da primeira menstruação, o ritmo de crescimento do corpo fica mais lento. Por isso, se a menina acha que é muito baixinha e quer crescer, a hora de consultar um médico sobre o problema é quando aparecem os primeiros sinais da puberdade: os peitinhos e os pelinhos. Em geral, depois da primeira menstruação, ela ainda poderá crescer de dois a cinco centímetros. Mais que isso é muito raro.

Em compensação, quanto mais cedo surge a menstruação, mais cedo acontece a troca dos dentes de trás, os molares. É bom então dar uma corrida ao dentista, para ver se eles estão nascendo superpostos ou desalinhados. Se for preciso usar aparelho, é esta a época ideal.

As mudanças que acontecem neste período são tão rápidas que a menina pode se perguntar, desolada, quem é a estranha que a olha do outro lado do espelho.

Acontece que os ossos da face também estão mudando... e o nariz consegue crescer ainda mais depressa! E os pés e as mãos parecem maiores, as pernas muito finas, ou muito grossas...

Nem sempre as transformações acontecem como a gente gostaria: uma das características da adolescência é a variação na época das mudanças. Uma pesquisa feita recentemente nos Estados Unidos mostrou que, em cada cem garotas, 25 cresciam aos poucos, 35 de repente e 21 de maneira tumultuada. Ou seja, às vezes o bumbum cresce demais enquanto os seios resolvem dar um tempo, ou nada disso, ou tudo isso ao mesmo tempo...

Calma. Antes de arrancar os cabelos, lembre-se de que o corpo leva de um a dois anos até conseguir se equilibrar na sua nova forma. Claro que existe uma coisa que é a hereditariedade. Isto é, aqueles traços físicos que fazem parte de uma família.

Por exemplo, numa família de gente morena e mulheres com seios grandes, é raro nascer uma loira com peitinhos minúsculos.

Mas isso não quer dizer que você deva deixar tudo por conta da natureza ou ficar culpando a família porque o seu corpo não se parece com aquele que você sonhou.

Até porque a adolescência não é um período só de espinhas e espinhos.

Se você cuidar bem da saúde e fizer bastante exercício, vai ter uma musculatura rija e bem-torneada. Aliás, esse é um dos melhores períodos para preparar o seu corpo para a vida.

Se você tiver qualquer dúvida sobre seu desenvolvimento físico, menstruação, sexo ou outro assunto, pode ligar grátis para Disque Adolescente (011) 852-8133, de segunda a sexta-feira, das 11 às 17 horas. Pode ligar a cobrar sem susto, de qualquer parte do Brasil, que atendem: existem plantonistas, treinados pelo Programa do Adolescente da Secretaria de Saúde do Estado de São Paulo, esperando seu chamado e em condições de responder a todas suas perguntas.

Coberta de Flores

A primeira menstruação ou menarca representa a passagem da infância para a idade adulta. É um marco biológico, que alguns povos comemoram com grande alegria. Em certas culturas indígenas, a menina que menstrua pela primeira vez é coberta de flores. Então os mais velhos lhe falam sobre o sexo e a vida...

Todos os povos, mesmo os mais primitivos, consideram a menarca uma ocasião importante, e a menina é respeitada por estar passando por esta transição.

Na linguagem do corpo, a primeira menstruação acontece quando há uma troca de sinais entre a hipófise, os dois ovários (que liberam normalmente um óvulo por mês para ser fecundado) e o útero. A hipófise manda seus hormônios avisarem a um dos ovários para **expulsar** um óvulo. O útero então se prepara para, se aquele óvulo for fecundado por um espermatozóide, aninhar o ovo, o futuro bebê.

Como ele se prepara? Engrossando sua **parede** interna, chamada endométrio, e criando como que um ninho para o ovo.

Daí, se não houver fecundação, essa camada mais grossa, formada por células e sangue, se desgruda da parede do útero e sai pela vagina, na forma de menstruação.

Por ser natural, a menstruação não devia doer, mas as cólicas são freqüentes. Muitas meninas também ficam mais irritadas e, em algumas, os seios ficam sensíveis, as pernas pesadas.

Aos olhos dos meninos, este é um mistério do organismo que às vezes transforma todas as mulheres do mundo em bichos. Uma vez por mês, tornam-se chatas, estranhas, irritadas, mal-humoradas, sensíveis, caladas e até se enfurecem inexplicavelmente. Mas eles compreendem. "*Deve ser bem ruim. Ainda bem que eu sou homem*", diz J.C., que está na 6ª série.

Mesmo admitindo que é uma coisa **muito natural**, eles imaginam que menstruação é uma espécie de sofrimento que eles, ainda bem, não têm e nem sabem muito bem o que é. Sem entender direito o que acontece — e sem muita coragem de perguntar —, optam por imaginar que é algo incompreensível.

A explicação das alterações de humor das mulheres não vem dos astros nem é frescura.

Além do incômodo provocado pelas dores das cólicas — que na adolescência costumam ser mais intensas —, antes da menstruação existe a chamada TPM (tensão pré-menstrual).

Até pouco tempo não havia nenhuma explicação para a TPM.

Agora se sabe que a retenção de líquido no corpo pode provocar sintomas de ordem física e psicológica.

Ainda hoje, não entrou na cabeça dos homens que as mulheres são biologicamente diferentes.

Não são só algumas azaradas que têm esses problemas.

Em maior ou menor grau, toda mulher sofre de TPM.

Para os meninos, que já se assustam com o mau humor das irmãs e namoradas, há que se dar uma má notícia: a coisa tende a piorar depois dos trinta anos.

Se até algumas mulheres estão mal-informadas sobre o funcionamento do próprio corpo, não é estranho que meninos não tenham a mais pálida idéia do que vem a ser o ciclo menstrual.

Para eles só uma coisa interessa saber: os dias férteis. Nesse ponto aparecem as teorias mais malucas e começa uma salada de dias e números. A mulher que existe na cabeça de uma menina — A.C. de 15 anos, — por exemplo, — é "*mais fértil nos dois primeiros dias de menstruação*" e "*nos outros 28 dias não tem tanto perigo de engravidar*".

Para A.A. 16, "*ela fica menstruada um dia por mês e, se transar nesse dia, engravida automaticamente*". C.B., 17, acha que os três dias antes da menstruação têm alguma importância, mas não lembra se esses são os dias "*perigosos*" ou o contrário.

Já M.I., 17, veio salvar a classe: falou em fertilidade "*uns 15 dias antes da menstruação*", que é, em geral, o dia mais fértil mesmo. Em compensação, fez uma generalização sem pé nem cabeça: disse que nenhuma menina transa quando está menstruada, "*por higiene*".

Às vezes, a menstruação some um mês ou dois, para reaparecer no seguinte.

Ciclos irregulares são comuns nos dois primeiros anos.

É importante que você comece logo a marcar, na agenda, o aniversário da sua menstruação.

Assim vai poder acompanhar melhor os ritmos do seu corpo. Outra coisa importante é saber que, na opinião dos médicos, o corpo da mulher só está maduro para a gravidez dois anos depois da primeira menstruação. Mas o período ideal é mais tarde, dos vinte anos em diante.

Quando Consultar um Médico

Hoje, no Brasil, a idade média para a primeira menstruação é aos 12 anos, dois anos antes do que era para nossas avós e bisavós. Muitos pesquisadores ainda estão investigando a causa desta "pressa", e ainda não chegaram a uma conclusão definitiva. Mas se você tem 13 anos e ainda não menstruou, não se preocupe. **O prazo** natural é entre nove e 16 anos.

Antes dos nove é considerada menarca precoce. Depois dos 16, menarca tardia.

Nos dois casos é bom conversar com o médico. Antes dos nove, há o risco de a menarca apressar o fim do crescimento. Nesse caso, um tratamento determinado por um especialista pode retardar o processo da puberdade, sem prejuízo da saúde. Além de alguns centímetros a mais na altura, a menina ganha a tranqüilidade de não ser tão diferente dos amiguinhos. E se aos 14 anos os seios ainda não apareceram, nem houver aquela penugem debaixo do braço e no púbis, um médico pode dizer com segurança quais as causas da preguiça do corpo. Pode ser, por exemplo, sinal de que o organismo está pedindo um reforço de algum tipo de alimento, ou se trata de um daqueles traços de família, determinados pela hereditariedade.

Seja como for, relaxe e curta sua viagem para ser mulher.

A MENSTRUAÇÃO

3

A primeira menstruação, como já dissemos, chega normalmente por volta dos 12 anos e este é um momento muito importante, pois nele está a confirmação de sua feminilidade.

A menstruação, que é a saída de sangue, muco e resíduos celulares pela vagina, conforme já vimos, ocorre uma vez por mês, durante os anos de vida fértil (capacidade de engravidar). E o seu tempo de duração varia de menina para menina, e pode durar de três a sete dias.

O Ciclo Menstrual

É chamado de ciclo menstrual o período que vai do primeiro dia de uma menstruação até ao primeiro dia da menstruação seguinte.

O ciclo menstrual não é o mesmo para todas as meninas, e pode variar de 26 a quarenta dias.

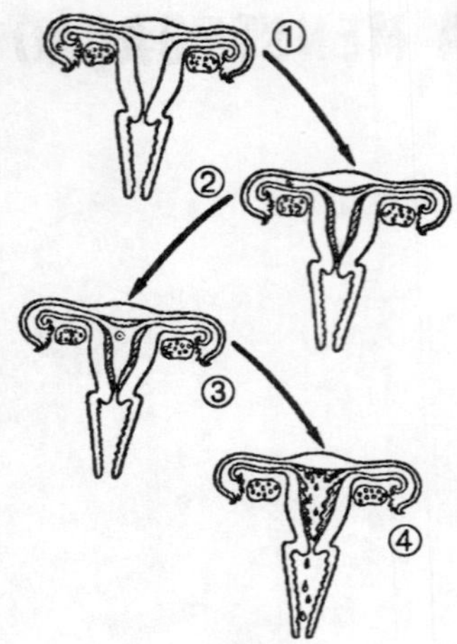

Geralmente torna-se regular dentro de mais ou menos dois a três anos depois da primeira menstruação.

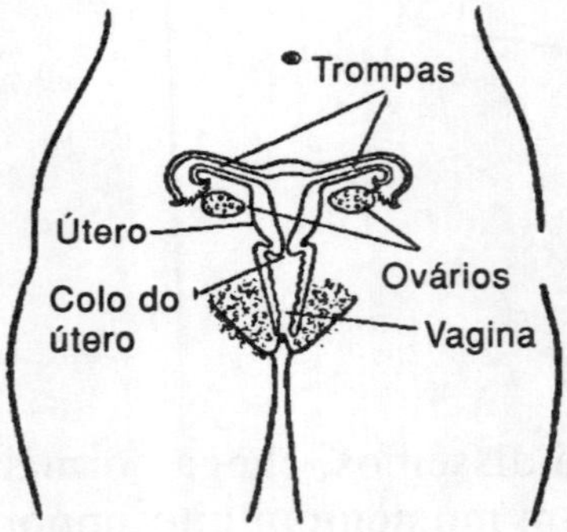

Os Órgãos Reprodutivos da Menina

Para se entender melhor o que é a menstruação é necessário conhecer os órgãos reprodutores femininos.
Eles são: ovários, trompas de Falópio, útero e vagina.

Todo aparelho reprodutor da menina está localizado na parte baixa do abdômen (abaixo do umbigo), e consta de um útero, dois ovários, duas trompas de Falópio e uma vagina que se comunica com a vulva (xoxota).

O útero tem a forma de uma pêra e cresce na adolescência quando inicia sua função.

O útero comunica-se com a vagina na parte inferior por onde sai a menstruação e na sua parte superior comunica-se de cada lado com a trompa de Falópio por onde caminham os óvulos que saem dos ovários, um de cada lado. Cada mês, normalmente, um só óvulo sai o ovário.

Os Cuidados com o Corpo

No passado, o período menstrual era cercado de uma série de crendices, e muitas pessoas ainda acreditam que a mulher menstruada não pode lavar a cabeça, beber gelado, comer frutas ácidas, peixes etc, porém nada disso prejudica a saúde.

O único cuidado a ser observado é a higiene corporal: banho diário e trocar os absorventes higiênicos várias vezes ao dia.

Em algumas jovens, costumam ocorrer alguns distúrbios pré-menstruais como: cólicas, inchaço, seios doloridos e crescidos, dores nas costas, nas pernas, na cabeça e irritabilidade e cansaço.

Estas indisposições podem ser aliviadas com banhos quentes e a prática de exercícios físicos normais. Estes distúrbios menstruais não interferem nas atividades diárias, mas se isto acontecer, consulte um médico.

Mas, afinal, o que é menstruação?

Marta — Dra. Albertina, com licença, a senhora pode nos dar mais explicações?

Dra. Albertina — Oi, Marta, meninas, um instante só. Já acabo o que estou fazendo e as atendo.

Marta — Tudo bem.

Dra. Albertina — OK, entrem, vamos ver se as cadeiras dão, ótimo, tudo acomodado?

Rita — Dra. Albertina, nossas mães andaram conversando muitas coisas conosco, ficaram uns grilos...

Dra. Albertina — Vamos ver se posso ajudar.

Joana — É lógico que sim. Sabe o que aconteceu? Estamos com dez, 12 anos e temos sentido umas coisas estranhas...

Dra. Albertina — Entendo, isso eu explico fácil: está ocorrendo a preparação do corpo para a menarca, isto é, a primeira menstruação. A sua chegada indica que você está amadurecendo e está bem com o seu corpo. É um momento importante na vida da adolescente.

Ana — Nossa, como a senhora fala bonito!

Dra. Albertina — Continuando, a menstruação é algo que faz parte da vida das mulheres, durante um determinado período. Os homens não têm menstruação. A primeira menstruação pode aparecer entre os 9 e os 16 anos e geralmente ocorre por volta dos 12 anos. Se até aos 16 anos ainda não ocorreu a primeira menstruação, você deverá procurar orientação médica.

Rita — É por isso que o nosso corpo muda?

Dra. Albertina — Isto mesmo. O corpo se prepara para a menstruação através de várias mudanças, os quadris se arredondam, os seios crescem, aparecem pêlos nos genitais e embaixo dos braços, o humor também pode variar, indo da irritação à tristeza sem motivo aparente, mas este é um momento passageiro.

Marta — Menstruação é aquela perda de sangue de que tanto se fala?

Dra. Albertina — É, chamamos de menstruação a saída de sangue, muco e resíduos pela vagina, que ocorre uma vez por mês. A menstruação (regra, incômodo, chico, aqueles dias) é o resultado do despreendimento de uma camada interna do útero. O tempo da menstruação varia de mulher para mulher e pode durar de três a sete dias.

Joana — Mas a mulher não tem menstruação a vida toda, não é?

Dra. Albertina — Exatamente. A menopausa é o período de vida da mulher quando ela pára de ter menstruação. Ocorre mais ou menos entre os 45 e cinqüenta anos de idade. Quando pára a menstruação, a mulher não fica mais grávida.

Ana — Ciclo menstrual é a mesma coisa?

Dra. Albertina — Não. Ciclo menstrual é o período de tempo que vai do primeiro dia da menstruação até o primeiro dia da menstruação seguinte. O ciclo varia de mulher para mulher e, geralmente, dura de 25 a 45 dias.

Joana — Para a minha prima, a primeira menstruação veio e depois parou durante dois meses. Por quê?

Dra. Albertina — As primeiras menstruações podem não descer todos os meses. Elas são irregulares, isto é, você pode ficar menstruada em um mês e passar dois a três meses sem menstruar e voltar a ter menstruação. Isso é normal, no início. Depois de dois a três anos após a primeira menstruação, o ciclo menstrual geralmente se torna regular.

Marta — Agora pouco a senhora falou em útero. Como é ele?

Dra. Albertina — O útero faz parte do aparelho reprodutor da mulher, assim como dois ovários, duas trompas e uma vagina que se exterioriza na vulva. O útero tem a forma de uma pêra e cresce na adolescência, quando então amadurece. O colo do útero, que é a sua parte mais estreita e inferior, se comunica com a vagina e é por aí que sai a menstruação. Quando a mulher está gravida, é por este canal que sai o bebê, quando o parto é normal. O útero tem uma parede interna que engrossa todo mês para receber o óvulo fecundado. Quando a mulher não engravida, esta camada sai como menstruação.

Ana — E para que servem os ovários e as trompas?

Dra. Albertina — Na sua parte superior, o útero comunica-se de cada lado com uma trompa por onde caminham os óvulos que saem dos ovários, localizados um de cada lado do útero. A cada mês, depois da primeira menstruação e antes da menopausa, um óvulo sai do ovário e é agarrado pela Trompa de Falópio. Nesse momento, o óvulo está pronto para ser fecundado por um espermatozóide, podendo ocorrer a gravidez. Se a mulher não ficar grávida, ocorre a menstruação.

Joana — Quais os cuidados que devemos ter na época da menstruação?

Dra. Albertina — O único cuidado a ser observado é a higiene: banho diário, trocar-se várias vezes ao dia, evitando assim que o sangue menstrual manche as suas roupas ou provoque mal cheiro. Você pode comprar absorventes ou usar retalhos de pano e toalhinhas, tomando o cuidado de estarem sempre limpos.

Ana — Podemos lavar a cabeça, comer ovos, tomar sorvetes?

Dra. Albertina — Claro, tudo isto pode ser feito. A mulher menstruada pode lavar a cabeça, ter relações sexuais, beber gelado, comer frutas ácidas, peixes, ovos e outros alimentos, pois nada disso prejudica a saúde.

Marta — Mas muita gente pensa que a menstruação é doença, é feia, é suja.

Dra. Albertina — Sim, infelizmente ainda hoje há muitos preconceitos, tabus e crendices. Nós devemos ajudar a desmenti-los.

Rita — Eu vejo minha irmã, às vezes, falando que tem cólicas. O que é?

Dra. Albertina — Em algumas mulheres podem ocorrer algumas indisposições antes ou durante a menstruação como cólicas, inchaço, seios doloridos e crescidos, dores nas costas, nas pernas, na cabeça, irritabilidade e cansaço. As cólicas são contrações do útero para eliminar a menstruação. Para a maioria das mulheres a menstruação vem sem nenhuma indisposição. A menstruação não deve causar problemas, mas se estiver interferindo em suas atividades diárias, ou incomodando, procure orientação médica.

Joana — Como é bom aprender e conhecer tudo de modo correto!

Marta — Creio que agora não há mais dúvidas. É só esperar que aconteça conosco.

Rita — Agora, até estou com pressa, pois perdi todo o medo.

Ana — Vou conversar com mamãe e mostrar a ela que estas conversas são necessárias e não besteiras.

Dra. Albertina — Muito bem, até outra vez.

O MENINO ADOLESCENTE E SEU CORPO

4

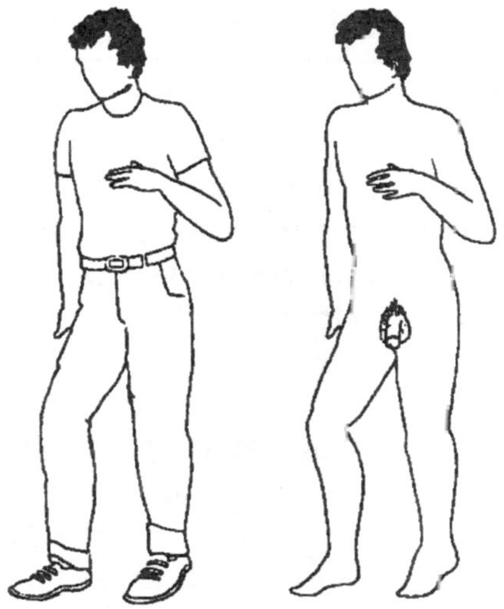

O impacto do menino na família é diferente da menina. Ela é cultura cor-de-rosa, ele, cultura azul. Isso passa nas coisas mais sutis. **O código de comportamento do menino está definido desde o momento em que ele nasce.** Menino pode algumas coisas, menina não pode. Não estamos dizendo que isto é certo ou errado, só que existe.

Se o menino abaixar a calça e fizer um xixi longe, isso é reforçado, todo mundo vai achar uma gracinha. Se a menina abaixar a calcinha, vai ser considerada uma sem-vergonha.

Esta cultura já é uma herança que ele vai ter quando entrar na puberdade, na adolescência, e que vai repetir.

Assim que ele entrar na puberdade, vai perder a identidade quando perder o corpo, que vinha crescendo num ritmo.

O que dá identidade para qualquer coisa é o seu próprio limite. Quando alguma coisa perde o limite, perde a identidade. Esta quebra da identidade que não só acontece ao nível do corpo, mas também no das relações familiares com os pais, (da sociabilidade), entra em outro nível; a escola que tinha determinado comportamento já vai mudando isso.

> Ponto de vista prático: o menino com dez, 12 anos é o rei do preconceito. Morre de medo de ser bicha. Fazer isso é de homem, fazer aquilo, de mulher. Ele tem um preconceito, não tem identidade, tem de provar a todo momento que é homem, não existe mais um ritual de passagem. A menina ainda tem claramente, quando menstrua.

Nesta fase, sob o enfoque psicológico, ele vive um momento muito forte de isolamento com o sexo oposto. Rompe genericamente com as mulheres como uma defesa por ter sua própria mãe. Há uma revivência do Édipo. Tem os guetos dos meninos. Isso obviamente tem perdido muito do vigor. Antigamente era mais forte. Hoje está abrandando um pouco: os colégios mistos, a mídia, tudo está quebrando um pouco essa separação homem-mulher. Eles não têm mais tanto medo de usar cabelo comprido, brinco.

Na nossa prática, que atende a uma população de mais baixa renda, os meninos não têm peito de usar brinco. O menino dos bairros de classe alta tem. A diferença social interfere. O nível social legaliza algumas práticas.

Quando se é diferenciado socialmente adere-se à moda. Os pais permitem. Existe toda uma estrutura de permissividade.

Na puberdade existe um primeiro momento que é o do isolamento. Depois vem um segundo, onde ele rompe com isso e começa a ter uma pequena abertura. Mas como está tendo modificações sob o ponto de vista psicológico, ele também está tendo modificações corpóreas. Os testículos estão aumentando, o pênis

O QUE ESTÁ
ACONTECENDO
COMIGO?

também, a voz está começando a mudar, começam a nascer a barba e os pêlos axilares... **Todas estas mudanças vão dando uma representação mental!** E isso também traz mudanças internas que a gente não vê. **É uma explosão de hormônios e a libido não tem onde ser depositada.** Tem um tesão louco. Não tem como operacionalizar essa energia sexual que está a toda. Como o adolescente tem essa tendência grupal pela própria questão do homem, tem um grupo e tem um amigo, como substituição daquele ídolo que ele tinha como pai. Elege o amigo como o indivíduo que substitui até certo ponto a figura paterna que deixou de ser ídolo para ser uma pessoa normal, com seus defeitos, limites, dificuldades. **É a perda dos pais infantis.** E, com a energia sexual solta e em contato com o amigo, acontece a abertura sexual, mas para a homossexualidade. É a questão das trocas, porque ele troca tudo, troca solidão... Aí acontecem as brincadeiras sexuais que assustam muito. Elas são muito mais comuns do que a gente imagina. Também acontece com as meninas, mas os carinhos são menos evidentes. Como não existe penetração e ereção, e também como menina pode andar de mãos dadas com as outras etc., isto é bem aceito.

Tem muitos pais que pegam seus filhos de 12, 13, 14 anos tendo experiências homossexuais.

Há também o menino que olha o outro e o acha muito bonito. Porque o corpo do outro é diferente em tudo. É o fenômeno do espelho, ele acha lindo, mas não pode falar. Como vai dizer que acha o amigo bonito?

> Existe também uma cultura do macho, que é uma convicção que está ligada à nossa cultura de uma forma tão forte, que, por exemplo, para um general prussiano ter um cabelo curto é sinal de masculinidade, de virilidade. Já para um guerreiro apache o cabelo comprido é que é sinal de virilidade. E quais são os nossos indicadores hoje de que se é viril? Qual é a convicção de que assim é ser homem e assim não é?

Nessa fase da adolescência, que é uma abertura para a sexualidade, é onde ocorre com muita freqüência essas relações homossexuais e relações incestuosas. Nesse período existem muitas relações incestuosas entre irmãos, o que também é uma prática muito freqüente. Entre irmãos, entre primos, às vezes relações se perpetuam durante dois, três ou quatro anos.

Primeira fase, isolamento; segunda, abertura, e nisso o corpo está sofrendo transformações; e a terceira é a abertura para a heterossexualidade, em que as relações afetivas são fugazes. É quando ele encontra o grande amor da vida e, de súbito, isto dura 15 minutos, 15 dias, um ano e meio, mas de repente se desfaz. Aquele príncipe vira sapo.

Os pais são terríveis, eles conseguem transformar um namoro banal numa grande paixão.

O adolescente repete o pensamento primário e o secundário. O primário é o da criança, que quando quer uma coisa, quer, porque quer. Não tem a dimensão da realidade. Quer muito e depois que você dá o brinquedo para ela, depois de dez minutos ela não quer mais, esquece. Isso acontece na adolescência como vivência da sexualidade. Essa é a característica da terceira fase, que é o encanto. Existem duas dimensões de tempo que são interessantes de a gente se lembrar: o *chronos* (público, que é jogado no mundo e todos se apropriam dele) e o tempo cairós, que é o tempo poético, que é sentido. A saúde mental se dá pela correta vivência destes dois tempos. E o adolescente está aprendendo a viver estes dois tempos. É bom lembrar que as populações indígenas não vivenciavam o *chronos*, comiam quando tinham fome, transavam quando tinham vontade, não importando se de dia, ou de noite.

A menina com 13 anos já tem as formas, as mamas, o corpo formadinho. O menino é um espantalho.

Tem uma desarmonia corporal, porque o processo de amadurecimento somático do corpo masculino é mais lento. A meni-

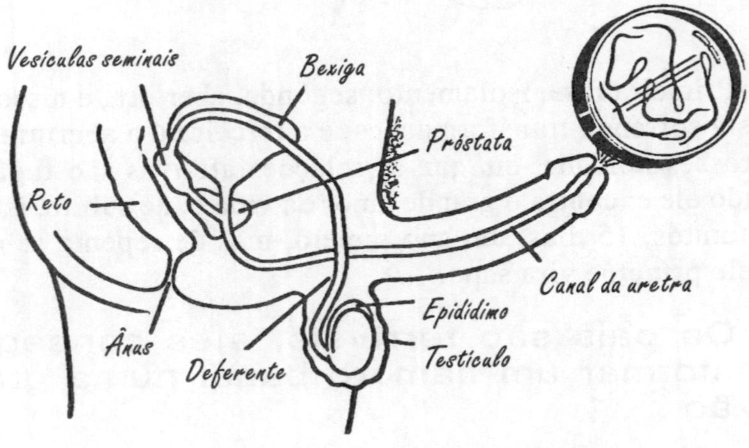

na, depois que menstrua, cresce de dois a cinco centímetros, no máximo. O menino não tem este limite, ele pode perfeitamente crescer depois de ter a primeira ejaculação, que acontece de 12 a 13 anos.

Muitas vezes os pais mantêm o filho infantilizado. O grande desafio para ele é o logro da identidade. Vai ter que encontrar o seu próprio limite. E às vezes a família não dá, ou dá esse limite infantil. E o confunde mais.

A família hoje está se tornando descuidada no sentido de não colocar limites, então elege alguém para pôr esse limite. A escola, no caso.

Na classe, a professora não se dá conta de que a menina tem diferença de tamanho e que o menino está convivendo com a rejeição. Não existe um elemento facilitador de integração.

A identidade feminina acontece muito mais rápido. E o menino, dentro dessa cultura do azul, tem que ser chefe de família, provedor, corajoso. Nossa convicção de masculinidade é por aí. Às vezes ele tem tendências ditas femininas. Quando existem essas distorções o menino sofre terrivelmente. Esse logro da identidade vai se dando à medida que o grupo vai dando limite.

Na adolescência o menino põe mil roupas. E não quer tomar banho. Fica negociando o banho. A gente não sabe muito bem o porquê.

O grupo deve ter um alto nível de compreensão. Principalmente os professores devem estar doutores em adolescentes.

A adolescência para o menino é um processo doloroso, porque ele tem a cobrança do machismo.

Existem duas coisas distintas, que é o sexo e o gênero. Quando isso bate, tudo bem, mas quando não bate... A gente tem uma convicção social do que é masculino e feminino. Hoje o menino tem que provar muito o seu papel social.

Existe atualmente uma permissividade absurda. E uma mídia que diz que você pode ter qualquer afinidade sexual e ser feliz. Mas a família ainda não está preparada para isso.

EJACULAÇÃO

É a saída de esperma pelo pênis. O esperma começa a aparecer no homem por volta dos 12,13 anos; a princípio em pequena quantidade e, alguns meses após, adquire consistência e quantidade satisfatória.

Outro fato que normalmente acontece no início da adolescência é o aparecimento de "polução noturna", que consiste na ereção do pênis e ejaculação durante o sono, em geral acompanhada de sonhos eróticos.

MASTURBAÇÃO

É o ato de excitar os genitais com as mãos, para se obter prazer. É um ato isolado, particular e, muitas vezes, até causador de culpas e cobranças pela desinformação e tabus impostos ao adolescente.

MASTURBAÇÃO COLETIVA

As fantasias dos meninos sobre o tamanho do seu pênis começam muito precocemente. No início da puberdade eles já estão fazendo concurso de quem tem o maior e quem ejacula mais longe. Muitas vezes, até, se excitam coletivamente vendo as vizinhas nuas. Todos fazem, algumas mães desconfiam, mas quase nunca se fala...

DOENÇAS SEXUALMENTE TRANSMISSÍVEIS (DST'S) E AIDS

5

Têm esse nome as infecções adquiridas principalmente através do contato sexual.

O número delas tem aumentado nas últimas décadas, registrando-se uma porcentagem muito importante entre a população adolescente.

As relações sexuais precoces, a falta de educação sexual e o desconhecimento das DST's são alguns fatores que fazem crescer esta porcentagem. Vejamos as três mais comuns:

GONORRÉIA

É uma das DST's mais freqüentes entre os jovens, e aparece de dois a oito dias após uma relação sexual. Entre seus sintomas estão: a ardência, a dificuldade de urinar; no rapaz o pênis começa a soltar pus.

SÍFILIS

Se manifesta duas ou três semanas após a relação sexual, ao aparecer uma pequena ferida nos órgãos genitais. Se não for combatida a tempo, traz complicações graves.

AIDS

A mais recente das enfermidades sexuais ao nível mundial, e que veremos a seguir, aparece entre o terceiro e o sexto mês após a relação. Além destas DST's referidas podem-se adquirir da relação sexual cerca de vinte outras doenças.

Um milhão de soropositivos e o crescimento acelerado da doença entre as mulheres e os jovens nos obrigaram a parar, pensar e pôr mãos à obra. É possível agir e deter a contaminação?

A AIDS é hoje uma epidemia fora de controle.

E a humanidade inteira, um grande grupo de risco.

Diagnosticada há pouco mais de dez anos como uma doença restrita a determinados grupos humanos — sobretudo o dos homossexuais masculinos e o dos usuários de drogas injetáveis — ela passou a atacar indiscriminadamente crianças, jovens e adultos de ambos os sexos.

O ritmo da contaminação é, hoje, de três novos casos por minuto.

A Organização Mundial da Saúde (OMS) calcula que existam atualmente no mundo 16 milhões de adultos e um milhão de crianças portadoras do vírus da AIDS, sem manifestar ainda a doença. A persistir no ritmo atual, em 1999 haverá quarenta milhões de pessoas contaminadas no mundo. No Brasil, os especialistas acham que o número real de soropositivos deve chegar a um milhão, embora o Ministério da Saúde tenha apontado, até o ano passado, cinqüenta mil casos notificados. Soropositivos, ou contaminados, são as pessoas que carregam o vírus da AIDS, o HIV, mas não manifestam nenhuma doença. Dos que já ficaram doentes, segundo a OMS, 90% morreram, a maioria na fase mais produtiva da vida, entre os vinte e os cinqüenta anos.

Acreditava-se também, há pouco mais de dez anos, que a AIDS fosse uma doença essencialmente masculina. **A proporção, no Brasil, em 1983, era de uma mulher contaminada para cada 31 homens.** Temos, hoje, entre nós, uma mulher contaminada para cada quatro homens. E o contágio dessas mulheres não se deu apenas por transfusão de sangue ou pelo uso de drogas injetáveis, mas através da prática de sexo com seus maridos ou companheiros.

As relações heterossexuais são, atualmente, a principal fonte de contágio.

A OMS acredita que, até o ano 2000, as relações sexuais entre homens e mulheres serão responsáveis por 80% dos casos. De muitas dessas mulheres contaminadas têm nascido crianças portadoras do vírus da AIDS. Uma geração inteira dessas crianças já cresceu e freqüenta, hoje, os bancos escolares.

ALGUNS CUIDADOS

• O aumento de relação sexual pode favorecer o contato com pessoas que são portadoras (sem sintomas aparentes) de uma DST.

• O preservativo (camisinha, condom) deve ser utilizado em todo contato com companheiro(a) sexual.

• Deve-se recorrer a um profissional de saúde, em qualquer situação que ofereça dúvidas, e não manter novas relações sexuais até que sejam esclarecidas essas dúvidas.

O QUE É?

Rodrigo — Com licença, Dr. Luiz, viemos aqui para aprendermos sobre a AIDS.

Dr. Luiz — Claro. Até hoje não sabemos ao certo como se originou esta doença. Sabe-se que o foco original está na África onde espalhou-se para várias partes do mundo, inclusive para o Brasil.

Rodrigo — Que é este tal de vírus? É o causador da doença?

Dr. Luiz — Sim. A AIDS é causada por um vírus chamado HIV. E como os outros vírus, o HIV não consegue sobreviver fora de uma célula. Ao penetrar na célula, esta passa a fabricar novos vírus, como se estivesse fabricando seus próprios materiais, libertando-os em seguida.

Carlos — E para onde vão estes vírus?

Dr. Luiz — Eles vão se acumulando principalmente no sangue, no esperma e nas secreções vaginais da pessoa infectada.

Carlos — Ouvi falar em pessoas soropositiva. O que é isto?

Dr. Luiz — Para cada tipo de microrganismo que penetra num organismo este fabrica um anticorpo. Quando o HIV penetra num organismo, este produz um anticorpo contra o vírus da AIDS. Há testes que mostram a existência desses anticorpos no sangue. Se eles existem, falamos que a pessoa é soropositiva.

Carlos — A pessoa soropositiva tem AIDS?

Dr. Luiz — O fato de ser soropositivo não quer dizer que se está com AIDS, mas que pode-se ou não desenvolver a doença.

Rodrigo — E este tal vírus, HIV, é muito perigoso?

Dr. Luiz — Infelizmente é, pois ainda não há cura definitiva para a AIDS, nem vacina.

Carlos — Como se pega essa doença?

Dr. Luiz — Pode ser transmitida através das relações sexuais, transfusões de sangue, troca de agulhas e acessórios contaminados por viciados em drogas. A mãe infectada passa ao feto ou ao recém-nascido.

Rodrigo — Quais os cuidados que devemos ter?

Dr. Luiz — Como não há tratamento nem vacina, prevenir, conhecendo bem os parceiros sexuais, usando camisinha nas relações sexuais, nunca se drogando, esterelizando seringas antes de tomar injeções e em caso de transfusão de sangue, saber se este foi testado.

Carlos — Ouvir falar que é perigoso também fazer tatuagens. É verdade?

Dr. Luiz — É correto. Não se deve submeter à acupuntura ou tatuagem se as agulhas não forem esterilizadas. Médicos, dentistas, cabelereiros e manicures devem também desinfetar seus instrumentos de trabalho.

Carlos — É difícil fazer isto?

Dr. Luiz — Não. Basta deixar os instrumentos de molho durante trinta minutos em água sanitária diluída em cinco partes da água ou no álcool a 25%. Podem também ser fervidos durante trinta minutos.

Rodrigo — E o beijo pode transmitir a AIDS?

Dr. Luiz — O beijo social não apresenta nenhum risco. Como o vírus da AIDS já foi encontrado na saliva, um beijo profundo apresenta um risco teórico de transmissão. Mas nenhum caso foi comprovado ainda.

Rodrigo — Podemos pegar AIDS em sanitários?

Dr. Luiz — Não. Também não há perigo nas seguintes situações: usando telefone público, chuveiro, assento de ônibus ou metrô, utensílios domésticos, maçanetas, botões de elevador, piscina, apertando mãos ou doando sangue.

Carlos — Dr. Luiz, estamos todos em risco de pegar AIDS?

Dr. Luiz — A princípio, sim. Porém, o que estão em maior risco são as pessoas com parceiros múltiplos e ocasionais, homossexuais, bissexuais e recém-nascidos de mães soropositivas.

Rodrigo — Puxa! Precisamos contar isto para o resto da turma. É conhecendo que podemos ajudar.

Dr. Luiz — Há muito mais. Estou aqui, sempre às ordens. Qualquer dúvida, não esqueçam, procurem quem pode de fato ajudar, na escola e nos centros de saúde.

PERGUNTAS E PERPLEXIDADES

6

Quando comparo o meu pênis com os dos meus amigos acho que ele é pequeno. Será que eu nunca vou poder dar prazer a uma mulher?

Primeira questão: o tamanho, a dureza e a direção do pênis se modificam muito conforme o momento. Em repouso, quer dizer, quando está mole, é de um jeito; em ereção — duro — é de outro. Às vezes, o pênis parece pequeno em repouso, mas em ereção pode aumentar muito. Alguns pênis são mais inclinados para a direita ou mais para a esquerda, outros centralizados, uns são mais curvos, outros menos. É assim como uma característica da pessoa, como os dedos, o nariz... Lógico que o seu não pode ser igualzinho ao do seu amigo. Segunda questão: os homens em geral se preocupam com o tamanho do pênis, principalmente se reparam que o do amigo é maior. Acontece que você está em fase de crescimento. O tamanho — não só do pênis mas de todo o seu corpo — ainda não é definitivo. Alguns garotos têm um pouco de gordura na base do pênis, o que dá a falsa impressão de que ele é pequeno. Quer saber uma coisa? Até os pais se preocupam com isso. Sempre aparece uma mãe achando que o pênis do filho é pequeno... Mas eu digo para ela e para você também que o importante é como você usa o pênis e não o seu tamanho. Terceira questão e a mais importante: você vai poder dar, sim, prazer a uma mulher e sentir prazer igualmente. E não é um centímetro a mais ou a menos que vai determinar isso, e sim a troca de amor e carinho.

Além disso, saiba que a vagina é um órgão tão elástico que se amolda desde a um absorvente interno, daqueles bem pequenininhos, e se dilata até ao ponto de permitir passar um bebê no parto. Assim, pode ficar sossegado, mesmo que seu pênis seja realmente menor que o do seu amigo.

Tenho varicocele. Isso é grave?

Em princípio não. Varicocele é uma dilatação das veias do cordão espermático que leva e traz sangue para os testículos. Essa dilatação faz com que o calor dos testículos aumente e este aumento de temperatura pode prejudicar a formação de espermatozóides diminuindo sua quantidade e qualidade. Entretanto, muitos homens com varicocele têm vários filhos e até fazem uma cirurgia chamada vasectomia para não mais procriarem. Outros já têm dificuldade para engravidar a mulher e quando isso acontece é necessário fazer uma correção cirúrgica. Com um ou dois dias de internação em hospital e mais uma semana de recuperação em casa, geralmente ficam totalmente curados. Mas posso lhe adiantar que não é uma operação que precise ser feita com urgência e em qualquer idade o êxito da cirurgia é grande. Para saber se você precisa ou não operar, é necessário fazer um vários tipos de exames, entre os quais o chamado espermograma — você vai a um laboratório, se masturba, ejacula num recipiente próprio e é só isso. O resultado do espermograma vai determinar o grau da doença. Em algumas pessoas a varicocele pode causar dor nos testículos, e este é um dos critérios que indica a necessidade de uma operação caso esta não seja resolvida com algum analgésico.

Acho que sou impotente. Tenho 17 anos e quando vou transar com a minha namorada, na hora H meu pênis amolece. O que faço?

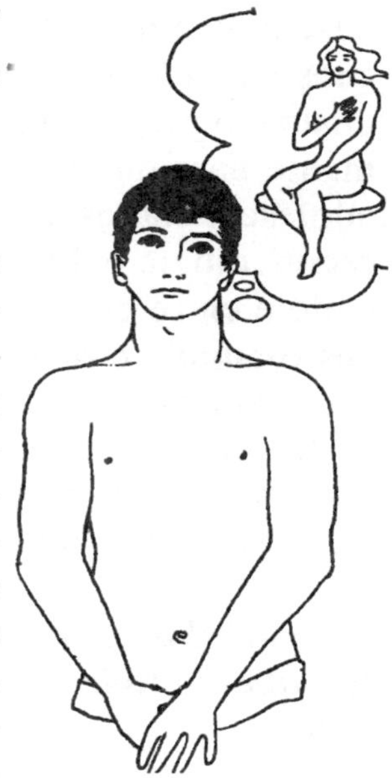

Para falar a verdade, é muito, muito raro mesmo um jovem de 17 anos ser impotente. Nesta fase da vida os sistemas responsáveis pela ereção (endócrino, vascular e neurológico) estão muito ativos e a ereção acontece com muita facilidade, às vezes em horas inoportunas e até criando situações constrangedoras, não é mesmo? Se você tem ereção quando dorme, quando se masturba, ou ejacula quando tem sonhos eróticos, com certeza, do ponto de vista fisiológico, está tudo bem com você. Acontece que a resposta sexual do ser humano é uma resposta integral a vários fatores: os sentimentais, emocionais e psicológicos que às vezes não amadurecem ao mesmo tempo que o corpo. Dizer que alguém nas suas condições é impotente é uma grande besteira. Eu diria que você está querendo correr antes de aprender a andar. Mas sossegue, você não é o único homem que tem essa pressa toda. Entendo, porém que é complicado passar por uma experiência negativa dessas: deixa muitos grilos e pode prejudicar os relacionamentos amorosos. Para sair dessa situação com alguma tranqüilidade, aconselho a "ficar" muito, e deixar a transa para uma outra hora que tenho certeza que você vai descobrir que é a certa. Aposto que assim nem você nem a sua namorada irão se decepcionar.

Morro de vergonha de tirar a camisa na frente dos outros. É que tenho seios...

E peito é coisa de mulher, não é? Engano seu. Homens também têm mamas. A grande diferença é que nas mulheres elas se desenvolvem mais que nos homens. Sabe o porquê? Existe uma substância, um tipo de hormônio, que circula no sangue humano, chamado prolactina, e no sangue da mulher é mais elevado justamente para que ela possa amamentar quando tiver um bebê. Na adolescência, os hormônios responsáveis pelo crescimento, aparecimento de pêlos, mudança de voz, começam a trabalhar adoidado e entre eles a tal prolactina, ocasionando, em alguns rapazes o aumento das mamas. Mas pode ficar tranqüilo que a própria natureza se encarrega de pôr as coisas no lugar, no tempo certo. Já já os "peitos" vão sumir, da mesma forma que apareceram. A não ser que os seus sejam formados por gordura localizada. Nesse caso, uma cirurgia plástica resolve.

Minha namorada reclama que eu gozo muito rápido. Estou apaixonado por ela e tenho medo que ela me troque por outro...

Várias coisas podem estar contribuindo para que você goze tão rápido. Ou, como se diz, tenha "ejaculação precoce". A mais importante, ou melhor, a mais freqüente entre rapazes da sua idade é "muito tesão". Quando se começa a namorar, não se pode ter relações sexuais na hora em que se tem vontade, mas na hora em que dá, e essa hora não é para perder, não é mesmo? Às vezes acontece em circunstâncias tão estranhas e perigosas que não se transa sossegado, mas com muito medo e preocupação. Essa ansiedade toda acaba influindo no desempenho sexual. Isso é o que geralmente acontece entre os jovens casais. Porém é preciso pensar em algumas causas físicas que podem influir no reflexo da ejaculação e, aí sim, se vier muito rápido se chama ejaculação precoce. Por exemplo, inflamações no pênis, fimose, freio curto etc. Vale a pena consultar um médico para verificar se os seus genitais estão em ordem.

Tenho fimose e o médico disse que é preciso operar. O que é isso?

Seguinte: a pele que cobre a cabeça do pênis chama-se prepúcio, a cabeça do pênis se chama glande e o orifício pelo qual sai a urina e o esperma se chama meato. Quando o prepúcio perde sua elasticidade, cobrindo ou apertando a glande durante a ereção ou chegando a atrapalhar o ato de urinar ou transar, o médico costuma indicar uma cirurgia chamada postectomia, que retira o excesso de pele deixando a glande livre. Muita gente opera o prepúcio por questões religiosas (como é o caso da circuncisão praticada pelo judaísmo), higiênicas (facilita a limpeza do pênis) ou mesmo estéticas. Portanto, há casos em que é preciso operar e há casos onde se pode optar pela não operação. Esta operação é bastante simples, com anestesia local, e dispensando internação.

Eu me masturbo umas três vezes por dia e me disseram que vou ficar fraco. É verdade?

Há uma época na vida dos jovens em que a masturbação é uma das poucas formas de alívio da tensão sexual. Em outras palavras, resolve o tesão. Quanto mais tensão sexual, tanto mais masturbação. Masturbando-se você gasta energia, sim, mas se você se alimentar bem não tem perigo de ficar fraco, mesmo se masturbando mais de uma vez por dia.

Tenho 19 anos e, há dois, peguei uma gonorréia que foi mal curada. Agora, quando aperto a ponta do pênis de manhã sai uma secreção pelo orifício. Devo procurar um médico?

Sim e não. A gonorréia é uma das doenças sexualmente transmissíveis, isto é, se adquire por meio da relação sexual. É provocada por uma bactéria chamada *neisseria gonorroheae* que depois de três a cinco dias de contato provoca secreção de pus no canal da urina, podendo ser acompanhada de outros sintomas como ardência e vontade de urinar a toda hora. Portanto, é uma doença aguda, mas tratada com antibióticos fica completamente curada. Esta secreção que você nota pela manhã não significa, na maioria dos casos, que a gonorréia foi mal curada. O que pode estar acontecendo é que ficou uma pequena inflamação no canal que facilitou o aparecimento de outras bactérias, mas não mais a da gonorréia, entendeu? O melhor é não ficar apertando o canal, beber muita água, alimentar-se bem e não tomar bebida alcoólica. Com isso, quase sempre a secreção desaparece espontaneamente algum tempo depois. Porém, se você notar que a secreção não cede, chegando a sujar a cueca, será necessário fazer um tratamento complementar com orientação médica.

Às vezes tenho relação sexual por trás com a minha namorada, mas ouvi dizer que isto faz mal. É certo?

Nas relações sexuais vale tudo, desde que os dois tenham vontade. Isto é, que um não obrigue o outro a fazer o que não deseja. Isto quer dizer que do ponto de vista moral não há problema quando se obedece a esta única condição. Do ponto de vista médico, devo-lhe dizer que no ânus vivem bactérias inofensivas enquanto estão lá, mas em contato com o pênis, podem agredir a uretra masculina causando uretrites (infecção do canal), o que às vezes exige tratamento com antibióticos. Outra coisa: se você tiver relação vaginal depois da anal, estará carregando estas mesmas bactérias para a vagina da sua parceira, o que pode lhe causar infecções também. Assim, o melhor mesmo é usar duas camisinhas — uma para a relação anal (se for primeiro) e outra para a relação vaginal. Entendido?

Depois que tenho a primeira relação, demora para eu ter outra ereção. Qual o número normal de relações sexuais?

A ereção do pênis é um fenômeno ativo e completo e depois de uma relação com ejaculação é necessário um tempo que varia de situação para situação, de pessoa para pessoa, para poder ocorrer novamente. Depois de cada excitação é preciso um tempo de repouso, tempo que precisa ser respeitado para que a relação seguinte seja gostosa para ambos. Quanto ao número normal de relações, é difícil especificar, e nem deve ser chamado de normal ou anormal, e, sim, saudável. Há pessoas que têm uma relação por semana muito boa. E há quem tenha relações todos os dias e ainda assim estão insatisfeitas. Em outras palavras, a qualidade é muito, mas muito mais importante do que a quantidade.

Tenho uma bola maior do que a outra. É assim mesmo?

O tamanho das bolas — testículos — não tem de ser exatamente o mesmo. Normalmente, uma tem uma posição e tamanho ligeiramente diferentes. Porém há situações que podem causar diferenças significantes entre uma bola e outra e que devem ser tratadas. Por exemplo hidrocele (acúmulo de líquídos), inflamação, atrofia de um dos testículos, cistos e principalmente tumores. Se os seus testículos são muito diferentes um do outro, é preciso procurar um urologista.

Minha mãe descobriu que eu estava fumando maconha e ficou desesperada. Eu não vejo nenhum problema. Mas como convencê-la disso?

Existem drogas que estão à venda nas drograrias, farmácias, bares e supermercados e outras que são vendidas "às escondidas". O cigarro e o álcool (desde que ingerido socialmente) são considerados drogas, mas são aceitos pela sociedade e são vendidos sem restrições. Há outras drogas que são proibidas como a maconha, crack, cocaína, heroína, LSD etc. A maconha é uma droga ilícita que felizmente não causa dependência (o que não ocorre com o crack) e que, quando fumada, provoca alucinações. Depois de fumar, a pessoa perde as referências objetivas e dá a maior bandeira, inclusive deixando bitucas em qualquer lugar. Assim, não é difícil ser descoberto... Tratando-se de droga ilícita, quem fuma está sujeito às penalidades da lei. Por outro lado, os especialistas que tratam de dependentes de drogas mais pesadas constatam que a droga de estréia é sempre a maconha. Isto quer dizer que usá-la, ainda que para experimentar, é sempre um risco. Partir da maconha para drogas mais pesadas é de conseqüências desastrosas tanto para o usuário quanto para a família e todos à sua volta. E quando isso acontece, a recuperação dessas pessoas é lenta, dolorosa e cara. Felizmente, a maioria dos jovens que experimentaram ou fumaram maconha moderadamente, por algum tempo, foi abandonando o hábito na medida em que foram amadurecendo e descobrindo outras formas de tolerar frustrações ou se divertir. Mas é bom lembrar de novo que fumando maconha você está se arriscando a passar para outras drogas, além de transgredir a lei. Assim, sua mãe tem toda razão em se preocupar.

Tive relação sexual com um amigo. Será que sou homossexual?

Posso ter uma idéia do quanto você deve estar confuso. Mas sabe, relações sexuais entre amigos adolescentes é mais freqüente do que se pensa. Isso é perfeitamente compreensível, pois é a fase do amigo por inteiro, aquele amigo com o qual você passa o tempo todo, estuda, brinca, fala besteiras, agarra, sai para fazer programa. É a fase de uma tensão sexual que os adolescentes não sabem como descarregar. Daí a acontecer uma experiência sexual entre dois amigos é fácil. Porém, procure evitar esse tipo de experiência, já que está preocupado com o fato de poder vir a ser homossexual. Procure evitar situações eróticas com o seu amigo. Se for possível converse com ele a respeito do que aprendeu aqui. E fique tranqüilo, pois na grande maioria dos casos, a sexualidade, que é um processo de desenvolvimento, se dirige para o sexo oposto.

Como posso saber se a minha namorada era virgem? Na primeira vez que transamos não sangrou.

O jeito mais fácil e objetivo é perguntando a ela. Se entre vocês existe um clima de amor e confiança, ela é a pessoa mais indicada para lhe dar esta informação. Quanto ao fato dela não ter sangrado na primeira vez, isso é mais comum ocorrer do que se pensa. Não são todos os hímens que sangram ao se romperem. Inclusive tem um tipo de hímen, chamado complacente, que é tão elástico que a garota pode transar a vida toda e ele não se rompe. Quer dizer que esta garota é virgem? Claro que não, embora fisicamente seja, isto é, tenha o seu hímen intacto. Agora outra coisa: por que é que você está tão preocupado com isso? Se o fato de sua namorada ter deixado de ser virgem antes de você o preocupa tanto, é melhor você rever a relação. E lembre-se de que é sempre melhor ser o último na vida de alguém que a gente ama do que o primeiro, certo?

Até que idade o homem pode ter relações?

Até o fim da vida, independente de quando isso ocorra. Mas veja bem, isso vai depender do estilo de vida desse homem. Dos seus hábitos, do preparo físico, de sua ideologia de vida, além da herança genética. Explico: se o seu avô e seu pai tiverem uma vida sexual satisfatória até o fim da vida, você terá mais chances de ter também. O que se sabe é que fumo, drogas, vida sedentária, ansiedade, estresse e neuroses são fatores que diminuem a qualidade de vida e conseqüentemente a satisfação sexual.

Sei que devo usar camisinha, mas é muito chato. Ter de parar para pôr a camisinha é o pior...

Sabe, entre o que se perde e o que se ganha usando a camisinha, nesse nosso tempo de AIDS, não tenha dúvida que você deve usar camisinha sempre, seja com quem for. Não dá para ficar com esse papo careta de que é chato, atrapalha ou aquela coisa antiga de que é “como chupar bala com papel”. Além disso, você sabe, a camisinha ainda evita gonorréia, sífilis e outras doenças sexualmente transmissíveis. Mas estas doenças, de uma forma ou de outra, têm cura. E a AIDS não. O custo da AIDS é a própria vida, cara! Até concordo com você que a camisinha pode atrapalhar, mas tudo depende da criatividade do casal. A colocação da camisinha também pode ser um ato erótico e sensual. Nas primeiras vezes pode parecer um pouco estranho, mas com o tempo, você transforma isso num hábito, seu uso vai se tornar tão familiar que você nem se lembrará de que está de camisinha. Vá treinando. Use a camisinha para se masturbar, mexa nela, coloque, tire, mesmo que não esteja numa transa. Não deixe a teimosia e, pior, o preconceito colocarem em risco a sua vida. Além do mais, a camisinha evita a gravidez numa fase da vida em que não se está apto para ser pai ou mãe...

Queria saber quando posso transar com a minha namorada sem perigo de ela engravidar.

O perigo é quando ela está ovulando. Algumas mulheres mais velhas, que já estão menstruadas regularmente há vários anos, podem até saber quando estão ovulando. Por exemplo, sentem um aumento da temperatura corpórea, ou percebem uma secreção vaginal semelhante à clara de ovo ou sentem uma leve dorzinha no pé da barriga entre outros sinais menos objetivos. Só que com as adolescentes estes sinais não são tão claros, pois elas não estão completamente maduras do ponto de vista hormonal e podem ovular durante qualquer período do ciclo menstrual. Usar tabelinha na adolescência é um risco e tanto. De qualquer modo, transar até sete dias depois da última menstruação e sete dias antes da próxima, oferece alguma segurança. Agora, é bom você saber que existem métodos mais seguros do que a tabelinha. Vá com a sua namorada ao ginecologista e ouçam atentamente as recomendações dele. Aí, sim, vocês vão poder transar com a maior segurança, o que significa muito mais prazer.

Tive relações sexuais, no fim de semana passado, com uma pessoa desconhecida e não usei camisinha. Agora estou com medo de ter contraído o vírus da AIDS. O que fazer?

O melhor que você tem a fazer, a essa altura do campeonato é, se for possível, tornar essa pessoa desconhecida... uma sua conhecida! Procure saber como é a sua vida e saúde. Você teve um comportamento de risco e o máximo que pode fazer é acompanhar o curso da sua sexualidade e observar o que está acontecendo. E aprender com essa experiência, não repetir o erro. Agora, se você estiver muito grilado, espere uns quatro meses e faça um exame de laboratório. Há vários serviços gratuitos, e deve ter um perto de você.

Ouvi dizer que uma garota pode ficar grávida mesmo sem penetração, só tendo relação entre as coxas. É verdade?

Sim, é possível engravidar, mesmo que não haja penetração. Se houver ejaculação bem perto da vagina, entre as coxas, os espermatozóides, que têm muita mobilidade, podem penetrar, e se a garota estiver no período fértil (ovulando) a fecundação acontece. Como vê, não é impossível uma garota estar grávida mesmo sendo virgem. Além disso, naquela gosminha que sai quando se está excitado, já tem espermatozóides, o que quer dizer que também não é preciso ejacular para engravidar. Portanto, cuidado, embora não seja assim tão freqüente, pode acontecer. Se vocês sempre transam de camisinha, o risco de gravidez é pequeno. Porém, se vocês estão preocupados em evitar a gravidez, caso o atraso da menstruação se prolongar por um mês, é melhor vocês procurarem um ginecologista para saber as razões.

O QUE ELAS QUEREM SABER

7

A atual geração de adolescentes está sendo bombardeada por todos os lados com informações desencontradas e fragmentadas sobre sexo. Os pais e até professores não querem ficar com a culpa de não terem abordado o tema e acabam descarregando siglas e palavras complicadas sem dar tempo para os jovens assimilarem.

Em muitos casos, quando os jovens demonstram interesse, se deparam com adultos despreparados e até com medo de tratar do assunto.

O resultado são jovens cada vez mais confusos. **A enxurrada de informações faz com que eles não aprendam corretamente.** Esse excesso é tão desastroso quanto não informar.

Para especialistas, a saída é abordar o tema com a linguagem mais próxima do cotidiano dos adolescentes, uma vez que eles costumam demonstrar interesse por questões práticas: como beijar, conquistar uma pessoa ou saber se está grávida.

O correto é, na medida do possível, passar informações completas, mas sem a preocupação de falar tudo ao mesmo tempo.

Eles querem ser informados, mas com calma para assimilar. Os jovens estão com uma sobrecarga de boas e más informações sobre o assunto. O pior é que ainda não reúnem condições para separar o certo do errado. Pelo volume de informações que recebe, essa geração deveria ser mais esclarecida, mas não é o que acontece na prática.

A prova dessa situação está num levantamento feito pelo serviço Disque Adolescente, do Grupo de Atenção à Saúde do Adolescente, órgão da Secretaria Estadual de Saúde. Em um ano, foram atendidos 850 jovens entre 14 e 18 anos, sendo 7% meninas e 15% meninos, com dúvidas do tipo "*como saber se estou amando*", até temas mais sérios, como aborto, masturbação e gravidez.

> As dúvidas não são apenas dos adolescentes. Parte dos prontuários abertos em um ano são de dúvidas de familiares que não sabem como falar de sexo em casa.

Vejamos as principais dúvidas:

Pega-se AIDS pelo beijo?

Não. Embora o vírus da AIDS se instale nas secreções, parece que a saliva não é o ambiente predileto dele. Mesmo assim os cientistas ainda estudam o assunto.

Devo confiar numa menina que só usa a tabelinha para não engravidar?

Na menina você pode confiar, mas na tabelinha, não. É um método que precisa muito rigor para ser usado e sua segurança é muito pequena.

O gel espermicida (mata os espermatozóides) é seguro para evitar a gravidez?

É melhor do que não usar nada, mas sua segurança é limita da. O gel deve ser aplicado no canal vaginal. O método só deve ser usado com recomendação médica.

É fácil pegar as Doenças Sexualmente Transmissíveis?

Sim. Se você tiver relações sexuais com pessoas contaminadas ou de forma promíscua a incidência é maior. Procure um médico no caso de dúvidas.

A masturbação afeta o desenvolvimento físico?

Não. Faz parte do desenvolvimento físico e psico-emocional. A diferença é que o prazer é apenas físico, solitário, e não emocional, como numa relação sexual.

A camisinha precisa ser usada em todos os momentos da relação?

Teoricamente não. O casal precisa encontrar o melhor momento. Algumas pessoas acham que colocá-la instantes antes da penetração pode quebrar o clima.

Quem deve tomar a iniciativa primeiro?

Quem está mais interessado. Só que na nossa cultura, esse papel fica sempre com os homens. Se as mulheres começam a quebrar essa regra, eles ficam assutados.

Por que os homens acham que as virgens são melhores?

Apenas por uma questão cultural. Muitos homens esquecem ou não aprenderam que o valor de uma pessoa não é medido por um fato isolado como a virgindade.

Como sei que estou grávida?

O primeiro sintoma é o atraso da menstruação. Os outros são: aumento do tamanho dos seios, urinar mais vezes que o de costume, ficar enjoada com alguns alimentos. A certeza da gravidez é obtida com testes próprios propostos pelo ginecologista.

Qual a melhor idade para se ter uma relação sexual?

Não existe idade ideal. Do ponto de vista físico, o corpo da mulher está preparado para a primeira relação no mínimo dois anos após a primeira menstruação; do ponto de vista emocional, é quando a pessoa não se sentir culpada.

A primeira transa engravida?

Não é a quantidade de relações que faz com que uma mulher engravide. Se durante o período fértil, ela pode ficar grávida sim. É preciso estar atenta para evitar surpresas.

Como a gente sabe que pegou o vírus da AIDS?

AIDS não tem cura. As pessoas precisam fazer exames específicos para saber se estão com o vírus. Emagrecer ou ter diarréia não são diagnósticos. Pessoas com comportamento de risco estão mais sujeitas à contaminação.

Transar menstruada engravida?

Não. Durante a menstruação a mulher não corre o risco de engravidar. Neste período, os hormônios estão num ponto onde não ocorre ovulação. Portanto, é impossível ocorrer a fecundação do óvulo.

Como se faz para transar?

Não há receita de como transar. O casal deve procurar seu melhor jeito de ter prazer. Isso pode ajudar a contornar medos e inseguranças. Esse desafio deve ser enfrentado com conversa, carinho e afeto.

Como se beija?

Não existem teorias para isso. A prática é a melhor forma para se aprender a beijar. Quando acontecer, você vai saber como agir. Têm coisas que a gente aprende sem precisar de alguém para ensinar. O beijo é uma delas.

Virgens podem usar absorventes internos?

Depende do tipo de hímen. Nem todos têm espaço para a entrada do absorvente. É preciso consultar um médico. Se você puder usar, não durma com ele e fique no máximo quatro horas com o absorvente colocado.

Como saber se o tamanho do pênis dele é normal?

Na adolescência os pênis têm tamanhos diferentes porque o desenvolvimento acontece em estágios variados. Meninos de mesma idade podem ter a mesma altura e peso, mas o tamanho, do pênis diferente. Não há relação entre tamanho e prazer.

Qual o método contraceptivo mais indicado?

Na adolescência, o melhor é a camisinha. A pílula é a mais usada, mas deve ser receitada por médico. A tabelinha exige um ciclo menstrual regulado. E o dispositivo intra-uterino (DIU) é indicado para quem já é mãe.

ESTEREÓTIPOS, VERGONHA E MEDO AINDA RESISTEM

Aos poucos, falar de sexo está deixando de ser tabu, mas os estereótipos que envolvem o assunto ainda resistem. A menina que começa a se interessar por questões ligadas ao sexo ainda é chamada de **espertinha** ou **assanhadinha**. As mães de suas amigas recomendam **cuidado** com ela, como se suas filhas também não tivessem o mesmo interesse. No caso dos meninos, a situação é mais grave. Nenhum deles quer ser chamado de **bolha**, uma versão moderna do **bobo** de outras gerações, por não saber tudo sobre sexo. **Afinal, a regra é ele nascer craque no assunto.**

Muitas vezes, ele garante que já teve uma experiência sexual, quando na realidade ainda sua frio, treme, ao se aproximar das garotas.

Se ele afirmar que não sabe alguma coisa, vira a vítima da turma.

Isso é grave, pois ele deixa de tirar suas dúvidas por vergonha ou medo. As informações ficaram mais fáceis, mas o temor de ser o alvo das atenções faz com que muitos jovens não admitam suas dúvidas. "*Sei tudo sobre sexo*", garante um adolescente, rodeado de meninas na saída do Curso Objetivo. Em seguida se solta e pergunta: "*Pega-se Aids pelo beijo?*"

Em muitos casos, as meninas também demonstram vergonha. Não querem que os meninos escutem suas dúvidas ou desconfiem que querem detalhes sobre o uso da camisinha ou anticoncepcionais, "*É chato eles ficarem sabendo que estamos interessadas em sexo*", garante uma menina de 15 anos.

> A manutenção de estereótipos aliada às informações desencontradas que recebem em casa, na rua ou na escola podem dificultar o desenvolvimento dos jovens. O medo faz com que eles não aprendam em nenhum lugar. Eles acabam tendo sempre meia informação.

Uma mulher de 45 anos, mãe de duas adolescentes, chegou a recomendar às suas duas filhas que não andassem com uma menina que costuma trocar com freqüência de namorado na escola. "*Fiz isso para preservá-las*", comentou. Em seguida, se arrependeu. "*Agi errado e decidi conversar melhor com elas*", disse. Para mudar de opinião, lembrou do tempo em que estudava, quando os estereótipos eram os mesmos. "*Falar de sexo era motivo de vergonha e as meninas interessadas no assunto eram malvistas*", afirmou.

A FAMOSA PRIMEIRA VEZ

8

O primeiro namoro, os sonhos, as fantasias. É o namorado, o mito, a alegria da descoberta do amor. **Normalmente, o primeiro namorado é alvo de todas as críticas dos pais.** Pais que não entendem que, mais do que o namoro, é o estar descobrindo sua identidade sexual, estar descobrindo o olhar do outro, poder trocar e, mais do que tudo isto, poder ter uma figura real em seus sonhos.

Nada mais terrível do que esse mito, esses sonhos serem atacados violentamente pelos adultos. Eles passarão a ser defendidos com toda irreverência e contestação dos jovens.

"*O que você viu neste garoto? Que futuro ele pode dar a você? Você só poderá namorar com 18 anos.*" Nenhuma destas insinuações terá sentido para a adolescente apaixonada.

Ela, é claro, tornará a relação clandestina, repartirá com a amiga mais querida, ou que a entenda, o que está sentindo, ficando cada vez mais sozinha.

Os primeiros carinhos mais audaciosos ocorrerão sem que ela possa dizer o que pensa, como estão suas emoções, ou se ela, adolescente, tiver qualquer barreira com seus pais ou pessoas responsáveis.

Não basta dizer: vamos dialogar.

A adolescente percebe que o assim chamado diálogo resume-se muitas vezes a receitas: **faça isto**, **não faça aquilo**, ou pode temer que o diálogo seja apenas uma investigação a respeito de sua vida. A adolescente sente a todo momento o julgamento e a censura e se afasta dos mesmos.

Nada mais absurdo do que dizer "*Quando pensar em ter relações sexuais me avise que a levarei a um ginecologista*" ou "*Quando você quiser tomar anticoncepcional, eu mesma compro para você*". Isto na verdade são formas camufladas de falar "Eu não quero que você tenha relação sexual". Jamais a adolescente avisará a mãe antecipadamente, pois a adolescência é carregada de momentos de fantasias, onde as situações podem ocorrer de um momento para outro.

As primeiras relações não serão programadas e sim imprevisíveis, se não houver, desde a infância, entre a família e a adolescente, diálogos constantes, contínuos, carinhosos, de olhos nos olhos. **A sensação e o tesão** ocorrerão em momentos inesperados, sem lugar programado, e a adolescente acaba vivenciando uma situação nova, tendo até a primeira relação sexual com alguém de quem nem gosta tanto, como forma de compensar frustrações de um namorado que nunca teve ou que deixou de existir, fantasiando sobre a paixão que gostaria de viver.

As mães agem de modos diferentes ante a situação.

Algumas desconfiam que a relação já aconteceu, tomam calmantes e vão dormir mais cedo, para não verem suas filhas chegando tarde. Há outras que preferem dizer "*Com a minha filha isto não acontecerá, pois confio plenamente na educação que lhe dei*". Outras, ainda, que são superprotetoras, dizem "*Vou descobrir quando minha filha tiver relação*", e aí vasculham bolsas, bolsos, guarda-roupa, gavetas, à procura da fatídica pílula: "*Não falei que ia descobrir?*"

Os casos mais sérios são os das mães que ficam sabendo pela própria adolescente: "*Tudo bem, filhinha, desta vez eu perdôo. Daqui para frente seu hímen será espiritual e moral, você vai começar a chegar cedo, não sairá mais sozinha com o seu namorado, porque você é muito nova; ter relação sexual cedo pode fazer mal à sua saúde, só nós duas saberemos.*" Mais cedo ou mais tarde, a adolescente descobre que sua mãe contou a seu pai e mentiu para ela; esta é uma forma oculta de repressão utilizando a figura masculina.

> É muito importante que os adultos saibam lidar com a descoberta da primeira relação sexual da adolescente sem traumas, culpas, cobranças e ameaças.

A mãe, o pai e os adultos devem evitar os falsos discursos como "*Nós sempre fomos seus amigos, você deve confiar em nós, sempre estivemos abertos ao diálogo*".

Os adultos não estão preparados para ouvir "*Transei com o meu namorado*", mas é necessário um esforço para a não-condenação, é preciso reagir com compreensão, mesmo que todos os seus valores tenham sido postos em xeque ou que seus castelos tenham desabado. Embora seja difícil, é necessário sonhar que um dia os pais falarão com naturalidade: *"Isto é muito complicado para minha cabeça, no entanto estamos aqui. Como você se sentiu?" "Puxa, que legal ele ter sido carinhoso com você!" "Foi aquilo que você esperava?" "Não se preocupe, nas próximas a situação será melhor." "O rapaz entendeu você?" "Que bom, é isso que toda mulher quer." "Ele não entendeu? É porque é inexperiente."* Essa demonstração de carinho e compreensão em muito auxiliarão as adolescentes a assumir a sua sexualidade com responsabilidade.

Seria extremamente gratificante se pais, familiares, profissionais de saúde e educadores travassem diálogos dessa forma e estivessem abertos a ouvir *"Eu nem sabia o que estava acontecendo, mas foi tão legal", "Eu me senti tão bem, foi completamente diferente do que imaginava, mas agora estou morrendo de medo de ficar grávida"*, o que diminuiria a solidão sentida pela adolescente nesse momento.

Há que se questionar por que as adolescentes tão precoce, despreparada e inesperadamente têm relações sexuais. Para elas é a busca de uma convivência apaixonada de um dia, de um mês, de uma hora, não importa; é o tentar concretizar fantasias e sonhos, é o esquecer das carências, é a prova da heterossexualidade — *"Eu sou normal, senti prazer", "Não sou impotente sexual", "Eu fui capaz" —, é ir ao encontro do amor em sua plenitude é "amar e ser amada".* Apesar disso, essas relações sexuais são acompanhadas por medos *"Será que fiz bem?", "Será que ele não vai me decepcionar?", "Será que ele vai contar pros amigos?", "Vão falar mal de mim", "Acho que meu corpo não estava preparado", "Será que meu corpo vai mudar?", "Será que vão desconfiar?"* Medos estes causados por diferentes formas diretas e camufladas de encarar o novo momento.

> A primeira relação sexual na adolescência ocorre num momento de imaturidade, de descompensação afetiva, quando ainda não está definida sequer a identidade da adolescente, que não descobriu sua vocação, não descobriu seu eu por inteiro, não se situou enquanto cidadã, não vivenciou uma série de situações novas, próprias dessa faixa etária, mas vai ao encontro de uma relação que pode ser extremamente determinante e trazer-lhe uma série de complexas conseqüências.

Seria desejável que a famosa primeira vez fosse acompanhada de **fatores protetores** com os quais a adolescente pudesse sentir-se segura em sua auto-estima, feliz por estar trocando sensações, mulher por ter-se tornado responsável por sua sexualidade, participante por atuar na conquista dos seus direitos e na busca de uma vida nova.

NÃO ENGRAVIDE SEM QUERER

9

Todos os métodos anticoncepcionais têm um ponto em comum: *impedir o encontro do óvulo com o espermatozóide*, evitando a fecundação e a gravidez. A forma como cada um deles atinge o seu objetivo, no entanto, difere. **Veja:**

• **Suspensão do ato sexual durante o período fértil** — É o que preconizam os métodos comportamentais, até recentemente chamados **naturais**: tabelinha, curva de temperatura e secreção vaginal. Inclui-se entre eles, também, o coito interrompido, exclusivamente masculino.

• **Alteração do mecanismo de ovulação** — Pílulas anticoncepcionais.

• **Métodos de barreira** — Obstáculos físicos e/ou químicos à passagem dos espermatozóides no colo do útero. Abrangem o condom (camisinha), diafragma, dispositivo intra-uterino (DIU) e espermicida. Nenhum desses métodos, contudo, pode ser adotado por qualquer mulher, pois têm contra-indicações que põem em risco a saúde e/ou falham como contraceptivo. **Na realidade, o anticoncepcional ideal ainda não foi inventado;** todos têm aspectos positivos e negativos a analisar individualmente no momento da opção.

O que existe, portanto, é o método mais indicado a cada mulher. Para algumas, são os comportamentais; para outras, o diafragma. E assim por diante.

Com o objetivo de escolher o seu melhor contraceptivo, leia atentamente a explicação de cada método. Julgue-os levando em conta o seu estado de saúde, estilo de vida, condições financeiras e os seguintes pontos:

- É EFICAZ.
- É INÓCUO (não prejudica a saúde).
- É REVERSÍVEL (interrompendo, pode-se engravidar)
- É PSICOLOGICAMENTE ACEITO.
- É FÁCIL DE USAR.
- É ACESSÍVEL ÀS SUAS CONDIÇÕES.

A propósito: ***laqueadura ou ligadura das trompas e vasectomia esterilizam cirurgicamente a mulher e o homem.*** Não são, por conseguinte, métodos anticoncepcionais transitórios e devem ser sempre a última opção. Para tornar tais intervenções reversíveis, é necessária a microcirurgia, técnica usada por poucos profissionais e com índice grande de falha: 30% na laqueadura e de 40% a 50% na vasectomia.

Agora, atenção: em hipótese alguma adote o método por conta própria ou sob orientação de amiga ou parente.

Em vez disso, vá ao ginecologista para submeter-se a uma avaliação cuidadosa da saúde e, assim, certificar-se da adequação do anticoncepcional. Caso receba sinal verde, retorne ao médico no mês seguinte, para ver se tudo está bem. Depois, faça ao menos uma revisão anual; é para verificar se o método continua sendo o melhor para você do ponto de vista físico e psíquico, ou se é preciso mudar. Essa — **acredite!** — é a única forma segura de não engravidar inadvertidamente e de preservar a saúde.

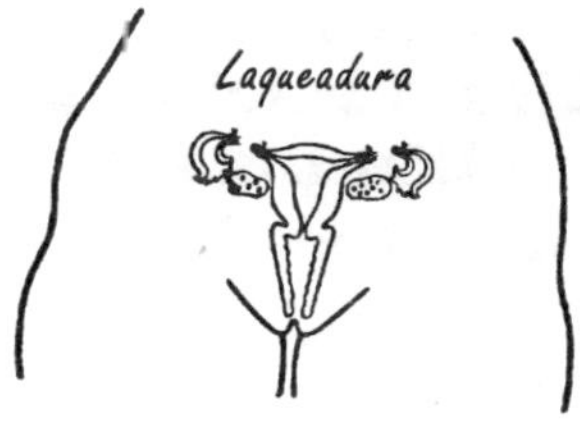

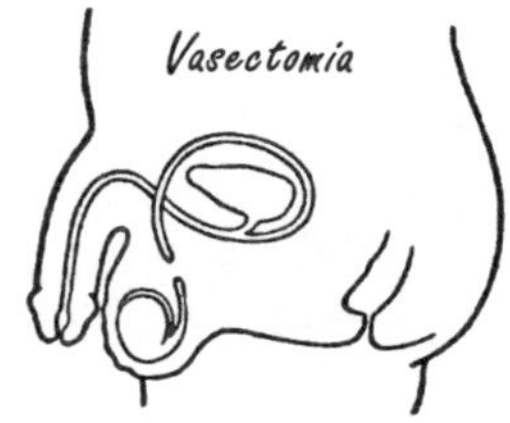

TABELINHA, CALENDÁRIO OU MÉTODO DE OGINO-KNAUSS

É o que se baseia na abstinência das relações sexuais durante o período fértil. Baseia-se no fato de que a segunda fase do ciclo menstrual (**pós-ovulação**) é fixa e dura em média 14 dias. É preciso primeiro descobrir a duração dos seus ciclos durante seis meses.

Comece da seguinte maneira:

- Conte o número de dias; é o quanto dura o seu ciclo. Anote o dado.
- Repita a contagem por mais cinco meses.
- Ao final do sexto mês, verifique qual o ciclo mais longo, o mais curto e a diferença entre os dois. Um exemplo: 27 e 33; a diferença é seis. Se a sua for superior a dez, a tabela não serve para você.

A etapa seguinte é calcular a fase fértil de seu ciclo menstrual, quando você nunca deverá ter relações. Para obtê-la, faça duas contas:

• **Subtraia 18 do ciclo mais curto; o resultado indica o início da fertilidade.**

• **Diminua 11 do cilo mais longo; a diferença equivale ao final da fase fértil.**

Segunda	Terça	Quarta	Quinta	Sexta	Sábado	Domingo
			1	2	3	4
5	6	7	8	9	10	11
12	13	14	15	16	17	18
19	20	21	22	23	24	25
26	27	28	29	30	31	

No caso do exemplo, os cálculos são 27 - 18 = 9; e 33 - 11 = 22. Isso significa que o período fértil do exemplo vai do nono ao 22º dia do ciclo menstrual; essa, portanto, é a fase de abstinência sexual.

EFICÁCIA

Varia de 53% a 96%, dependendo da vontade que se tem de cumprir corretamente as instruções do método. Associada à camisinha ou ao diafragma, a tabelinha pode atingir a eficácia de 92% a 96%.

PRÓS

É gratuito, não traz problemas ao organismo e propicia à mulher a oportunidade de conhecer o funcionamento do seu corpo. Também dá a oportunidade de se buscar outras formas de prazer além do ato sexual propriamente dito.

CONTRAS

A abstinência sexual durante longo período às vezes interfere na espontaneidade da relação. E também exige um controle rigoroso e contínuo dos ciclos, além de não poder ser posto em prática de imediato (só depois de você descobrir a duração do seu ciclo).

• **Indicações:** ciclos menstruais regulares; casais muito motivados pelo método.

• **Contra-indicações:** ciclos menstruais irregulares, o que é comum na adolescência e após o parto; depois do uso de pílula anticoncepcional ou DIU; amamentação; ausência de menstruação; rotina de vida muito agitada; corrimentos; doenças que debilitam o estado geral; dificuldades emocionais.

CUIDADOS ESPECIAIS

• Durante os seis meses de análise do seu padrão menstrual, **você deve**, sob orientação médica, usar diafragma, espermicida ou o seu parceiro usar camisinha; não tome pílula, pois regula artificialmente o ciclo menstrual.

• Uma vez adotada a tabelinha, **atenção**: estresse, viagens, doenças, dificuldades emocionais e financeiras, mudanças constantes no horário de trabalho podem alterar a fase de ovulação; portanto, nessas circunstâncias, **convém usar a tabelinha junto com o diafragma, camisinha ou espermicida.** O mesmo cuidado deve ser adotado caso você não tenha condições de evitar as relações sexuais durante o período fértil.

MUCO CERVICAL OU MÉTODO DE BILLINGS

Baseia-se no muco cervical, secreção produzida pelo colo do útero, que muda de aspecto nas diversas fases do ciclo menstrual. A partir de tais modificações é possível prever a ovulação e, em conseqüência, o período de fertilidade e de abstinência sexual.

Exige três meses de aprendizagem antes de aplicá-lo e o teste pode começar ao término da próxima menstruação. A partir daí, **todos os dias, de preferência à mesma hora, retire um pouco de secreção da vagina com o dedo;**

depois, comprima-a entre o polegar e o indicador para analisar a consistência. É o suficiente para descobrir que:

• *Dois a três dias após a menstruação não há secreção e a vagina mantém-se praticamente seca* — **é a fase infértil.**

• Logo depois, você começa a sentir-se "*molhada*". A partir daí, **não mantenha relações, pois é o inicio do periodo fértil.** A fase caracteriza-se pelo aparecimento de uma secreção grossa, esbranquiçada e pegajosa, sem elasticidade.

• A cada dia que passa o muco torna-se mais elástico e fino, até ficar transparente e gelatinoso como clara de ovo — **é o sinal da ovulação.** O muco gelatinoso permanece por mais uns quatro dias, indicando que a fase ainda é fértil.

• **A vagina volta a ficar seca** — é o início de um novo período infértil que vai até a menstruação. **Mas cuidado:** às vezes, o muco aparece na menstruação ou no primeiro dia após o seu término; neste caso, não matenha relações no período, pois há possibilidade de engravidar.

EFICÁCIA

Os índices oscilam entre 75% e 98%. O método Billings, na sua forma original, não pressupõe a associação com outros métodos; mas algumas mulheres passaram a usá-lo em combinação com os de barreira: diafragma, espermecida ou camisinha.

PRÓS

Idênticos aos da tabelinha.

CONTRAS

Idênticos aos da tabelinha.

VEJA SE SERVE PARA VOCÊ

• **Indicações:** durante a amamentação, desde que já utilizado o método antes da gravidez.
• **Contra-indicações:** dificuldade de identificar as modificações do muco ou de tocar nos genitais; corrimentos freqüentes; produção muito escassa de muco, dificultando a análise correta.

CUIDADOS ESPECIAIS

• O método original recomenda, durante os três meses de aprendizagem, evitar relações sexuais e todo o contato genital, para ajudar a mulher a perceber mais facilmente as mudanças da fertilidade. Porém há mulheres que, nesse período, usam outro método associado. Pode ser tabela, curva de temperatura ou camisinha.

• Caso tenha dificuldade em diferenciar o muco de outras secreções vaginais, faça o seguinte: **coloque um pouco de secreção vaginal num copo com água; se ela se desfizer e "afundar", é corrimento; se boiar, é a secreção do período fértil.**

• É inútil examinar o muco vaginal após lavagens vaginais, durante excitação sexual ou se você usa medicamentos por via vaginal.

• Ao iniciar a aplicação do método, examine o muco duas ou três vezes por dia para fazer uma análise correta. Com o tempo, apenas uma será suficiente.

TEMPERATURA BASAL DO CORPO

Consiste em abster-se da atividade sexual durante o período fértil, identificado através da temperatura interna **(basal)** do corpo feminino. **Esta varia conforme as fases do ciclo menstrual:** antes da ovulação diminui, devido ao efeito hipotérmico dos estrógenos; logo após a ovulação, quando aumenta a progesterona (hipertérmica), a temperatura sobe.

Antes de adotar o método, anote a sua temperatura durante três meses. Compre um caderno, o termômetro especial e aguarde a próxima menstruação.

A partir do primeiro dia, meça a sua temperatura, seguindo essas instruções: após, no mínimo, quatro a seis horas de sono, ainda em jejum e sem qualquer movimento, coloque o termômetro na boca: deixe-o por três minutos; registre a temperatura marcada. Repita a operação todos os dias — você vai perceber as seguintes alterações:

- Nos primeiros dias, a temperatura fica ao redor de 36,6° C; aos poucos vai baixando até que, no dia da ovulação, quando há o pico de estrógenos, a temperatura sobe, em geral, de 0,2° a 0,6°C — é o dia de maior possibilidade de engravidar.
- Imediatamente após a ovulação a temperatura sobe 0,3°C a 0,6°C sobre a pré-existência (36,6°C) — é o final do período fértil.
- Para se garantir, não mantenha relações sexuais desde quatro a cinco dias antes da ovulação até três dias depois da elevação da temperatura.

Tabela da temperatura

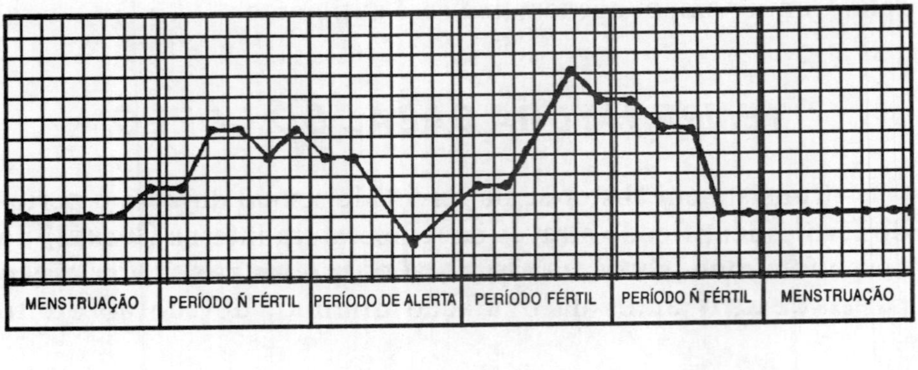

EFICÁCIA

Atinge 75% a 85%. Mas pode tornar-se mais eficiente se usado junto com a camisinha (92%) ou diafragma (96%).

PRÓS

Idênticos aos da tabelinha.

CONTRAS

Idênticos aos da tabelinha.

VEJA SE SERVE PARA VOCÊ

- **Indicações:** ciclos menstruais regulares; o método; paciente com rotina extremamente regular, que permita a tomada diária da temperatura de forma adequada.
- **Contra-indicações:** ausência ou irregularidade menstrual; estresse; problemas emocionais; sono interrompido ou irregular, como ocorre com quem trabalha à noite; cotidiano agitado, impossibilitando a medição correta da temperatura.

CUIDADOS ESPECIAIS

• Durante os três meses de observação da sua temperatura, adote um outro método não-hormonal como o diafragma, espermicida ou, o seu parceiro, a camisinha. **Converse com o médico a respeito.**

• *Fique atenta aos estados febris, mudanças de clima, gripes, resfriados, perturbações do sono e outras situações que podem interferir na sua temperatura*, podem induzir a uma confusão com o período de pós-ovulação, quando não há risco de engravidar.

• A medição da temperatura é obrigatória todos os meses, mesmo depois de você já conhecer o seu padrão térmico.

COITO INTERROMPIDO

Não se trata de um método propriamente dito, mas de prática anticoncepcional ainda muito usada no Brasil pela população masculina.

Consiste em retirar o pênis da vagina e da região próxima à vulva momentos antes da ejaculação.

Sem a penetração do espermatozóide, a fecundação é impossível.

EFICÁCIA

Tem índice muito elevado de falhas por quatro motivos: não há retirada do pênis ou ela se faz após o início da ejaculação; espermatozóides saem pela uretra antes da ejaculação ou a eliminação do sêmen se dá próximo à vulva.

PRÓS

Há participação masculina na contracepção.

CONTRAS

Exige, por parte do homem, grande controle do corpo, num momento impróprio. E *o casal sente frustração*, uma vez que a relação sexual não é apenas o encontro do pênis e vagina, mas uma troca total, onde cada um dá o que tem de melhor para o outro.

VEJA SE SERVE PARA VOCÊ

> Recurso utilizado só excepcionalmente. Porém, se quer mesmo evitar a gravidez, é melhor escolher um método anticoncepcional.

CUIDADOS ESPECIAIS

Quem usa tal prática **deve evitar uma relação sexual seguida à outra**, pois os espermatozóides podem estar vivos no canal da uretra masculina e a mulher engravidar.

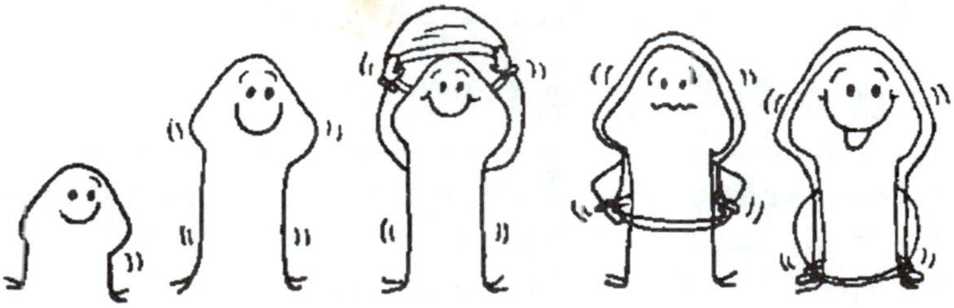

CONDOM, CAMISINHA OU PRESERVATIVO MASCULINO

Método anticoncepcional masculino. **Trata-se de um envoltório feito de látex (borracha fina), de tamanho único, que recobre o pênis durante o ato sexual.**

Deve ser colocado antes de cada relação. Retém o sêmen ejaculado, impedindo a entrada de espermatozóide na vagina.

EFICÁCIA

Se usado corretamente, de 97%.

PRÓS

É um método barato e facilmente encontrado nas farmácias e drogarias. Protege contra as doenças sexualmente transmissíveis, *não requer acompanhamento médico* e não interfere no equilíbrio hormonal.

CONTRAS

Às vezes, **"quebra"** a espontaneidade do jogo amoroso inicial. Alguns homens também não gostam de usá-lo e se queixam de que **"apaga"** as sensações, diminuindo o prazer sexual. Segundo especialistas, isso não é verdade, a necessária preparação para usá-lo pode, através do amadurecimento do homem, até aumentar o prazer.

Na verdade há muito despreparo psicológico do homem para usar o condom ou camisinha.

Alergias à borracha são muito raras.

VEJA SE SERVE PARA VOCÊ

• **Indicações:** Para evitar doenças sexualmente transmissíveis; nas primeiras semanas após o parto; quando não se conhece bem o parceiro; atividade sexual esporádica; após tratamento de doenças genitais, a fim de evitar infecção imediata; para aumentar a eficácia de outros métodos. Aliás, se você optou por um dos métodos comportamentais e quiser manter relações sexuais durante o período fértil, a camisinha é um ótimo método. Ela também pode ser usada se você não sabe direito se está na fase fértil.
• **Contra-indicações:** anormalidade na uretra ou no pênis; ejaculação precoce.

CUIDADOS ESPECIAIS

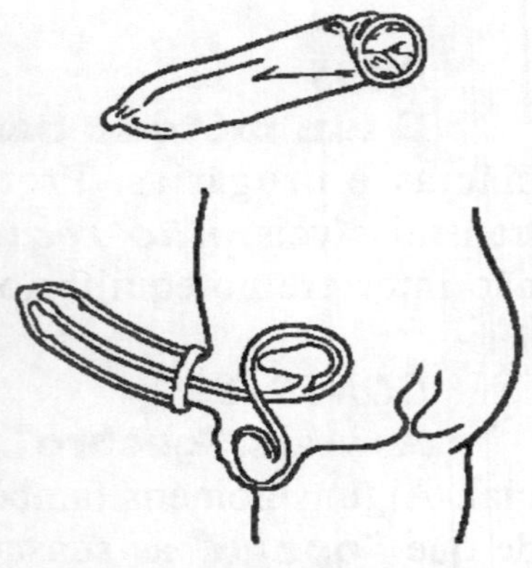

• A colocação deve ocorrer antes de qualquer contato do pênis com os genitais femininos, pois o sêmen pode ser eliminado antes da ejaculação.

• Sem manipulação prévia ou contato com unhas longas, a colocação da camisinha é assim: **com as bordas viradas para fora, deve ser desenrolada no pênis ereto, deixando na ponta, apertada para não entrar ar em demasia, uma sobrinha para o líquido seminal se acumular; do contrário, o artefato pode estourar.** Imediatamente após a ejaculação, com o pênis ainda ereto, deve ser retirado da vagina, sendo importante pressionar bem as bordas com os dedos para impedir um eventual derrame de sêmen, ou desprendimento na vagina. Após, deve ser a camisinha, por sua vez, retirada com o cuidado necessário.

• **Jogue a camisinha fora**, obrigatoriamente, pois ela não pode ser reutilizada.

DIAFRAGMA

Artefato de borracha, em formato de concha, com diâmetro entre 6 e 7cm, colocado no fundo da vagina, cobrindo todo o colo do útero. Assim, ele cria uma barreira física que impede a entrada dos espermatozóides, como se fosse um tampão. Antes de se decidir pelo diafragma, é preciso ir ao ginecologista para medir o útero (**varia de mulher para mulher**) e obter o tamanho que se ajusta a você. A medição não dói nada, assim como a colocação e retirada do diafragma. Veja como usar corretamente o seu:

• Colocação — esvazie a sua bexiga. Depois, de pé, ponha uma das pernas sobre uma cadeira ou cama e introduza o diafragma dobrado ao meio até o final da vagina — **não tenha medo**, não "*sumirá*" no seu corpo. Se utilizado sozinho, pode ser colocado até no momento da relação, embora seja conveniente fazê-lo meia hora antes, para não interferir no jogo amoroso. Se combinado com espermicida, é recomendável inseri-lo 15 a trinta minutos antes do ato sexual.

Importante: neste caso, coloque primeiro o diafragma, depois, o espermicida.

• Retirada — Agachada, puxe-o com os dedos; se houver dificuldade, tussa; o esforço ajuda a deslocá-lo, facilitando o procedimento. Atenção: **a retirada só pode ser feita oito horas após o ato sexual**; do contrário, os espermatozóides ainda vivos poderão fertilizá-la. Durante esse tempo, você pode andar ou correr normalmente. Só não faça lavagens vaginais, pois deslocam o diafragma.

EFICÁCIA

Segundo estatísticas, as falhas do método variam de 4% a 20%. Mas a eficácia aumenta quando o diafragma é combinado com espermicida, e quem a ambos juntar a tabelinha atingirá segurança quase total.

PRÓS

Simples, inofensivo à saúde, eficaz, ainda permitindo à mulher conhecer o próprio corpo. Tem também efeito protetor contra as doenças do colo uterino.

CONTRAS

Requer disciplina e constância de uso, excepcionalmente a borracha causa alergia. É encontrado apenas em lojas de material cirúrgico e grandes farmácias.

VEJA SE SERVE PARA VOCÊ

- **Indicações:** pode ser usado por praticamente todas, desde as que mantêm relações esporádicas até aquelas com contra-indicações para outros métodos. Funciona também como complemento de outros métodos anticoncepcionais, para lhes aumentar a eficácia.
- **Contra-indicações:** útero ou bexiga caída; nas primeiras seis semanas após o parto; alergia ao látex; início da atividade sexual; cistites ou vaginites constantes; quem tem dificuldade de tocar o corpo e introduzir o artefato.

CUIDADOS ESPECIAIS

- Uma vez adotado o método, repita a medição do seu útero no ginecologista após cada parto, cirugia vaginal ou aborto; caso engorde ou emagreça dez quilos ou mais; e sempre a cada dois anos.

• Nunca deixe o diafragma na vagina por mais de 24 horas.

• Aplique o espermicida **(se você o utiliza)** novamente, se tiver mais de uma relação sexual seguida.

• Após cada utilização, **lave o diafragma com água fria corrente e sabonete neutro, seque-o com um pano limpo, bem fino; guarde-o no estojo, salpicando de talco ou maisena, em lugar fresco.** Cuidando bem do seu diafragma, ele pode durar de dois a quatro anos.

• Antes de usar o artefato, examine-o contra a luz; se houver algum furinho, a borracha estiver enrugada ou começando a afinar, jogue-o fora. Deve ser substituído por outro.

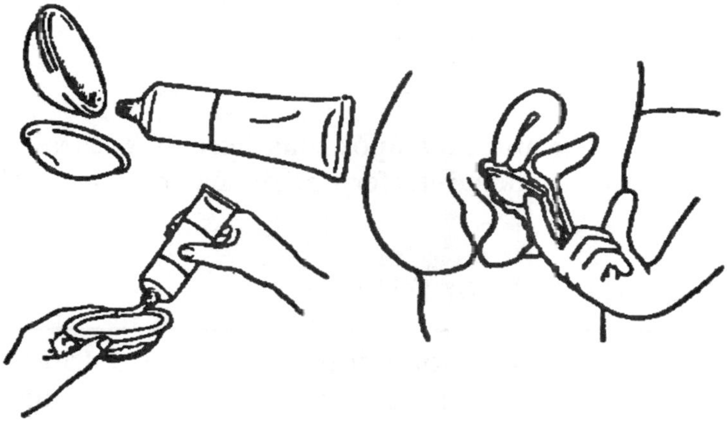

ESPERMICIDAS

São produtos químicos que impedem os espermatozóides de se movimentarem até o colo do útero. Podem ser preparados segundo fórmula indicada pelo seu ginecologista, mas há os industrializados, à venda nas farmácias e drogarias, em forma de geléias, cremes, espumas, óvulos e tabletes.

Atuam destruindo e/ou diminuindo a mobilidade dos espermatozóides. As espumas, geléias e cremes devem ser colocados no fundo da vagina, de dez a 15 minutos antes da relação, pois levam mais tempo para se dissolver.

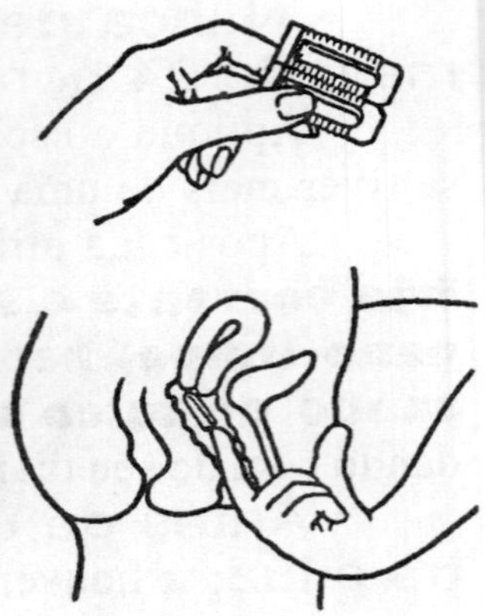

EFICÁCIA

Usados sozinhos, a possibilidade de falha é de 8% a 42%. Atenção: os espermicidas são eficazes só até uma hora após a aplicação.

PRÓS

Fácil utilização, inofensivos à saúde, dão pequena proteção contra doenças como tricomoníase, monilíase, sífilis e gonorréia.

CONTRAS

Precisam ser reaplicados após uma hora se o casal vier a repetir o ato sexual. Podem interferir na relação devido ao cheiro e umidade.

VEJA SE SERVE PARA VOCÊ

- **Indicações:** impossibilidade de utilizar qualquer outro método anticoncepcional; relações sexuais eventuais.
- **Contra-indicações:** alergia aos espermicidas.

CUIDADOS ESPECIAIS

- **Evite durante a amamentação.** É que as substâncias contidas nos espermicidas são absorvidas pela vagina e têm efeito no corpo inteiro (sistêmico) ainda desconhecidos.
- É aconselhável combinar o espermicida com a camisinha, o diafragma ou a tabela para aumentar a eficácia do anticoncepcional.

DISPOSITIVO INTRA-UTERINO — DIU

Em formato de "T", "7" ou espiral, o DIU é um pequeno artefato de polietileno (plástico), medindo de 2,5 a 4cm. Colocado dentro do útero, exerce efeito anticoncepcional. Há basicamente três tipos: os feitos só de polietileno; os que contêm uma parte de cobre; e os dotados de progesterona. No Brasil, fabrica-se apenas o de polietileno com cobre.

Acredita-se que os DIU só de plástico provocam contrações do útero, impedindo a fixação do óvulo fertilizado no local; em função disso, alguns ginecologistas acham que seu uso seria abortivo.

Já o mecanismo de ação dos que contêm cobre ou progesterona é um pouco diferente: a presença dessas substâncias tornaria a cavidade uterina um meio hostil à passagem dos espermatozóides. Portanto não teriam ação abortiva. Qualquer um dos tipos, porém, só pode ser colocado pelo ginecologista quando o colo uterino fica mais dilatado, como na menstruação. A época ideal para a colocação do DIU é durante à menstruação; sua retirada, porém, pode ocorrer em qualquer uma das fases do ciclo menstrual. **Atenção:** muitos médicos contra-indicam o uso do DIU para mulheres que nunca engravidaram.

EFICÁCIA

Entre 95% e 98%.

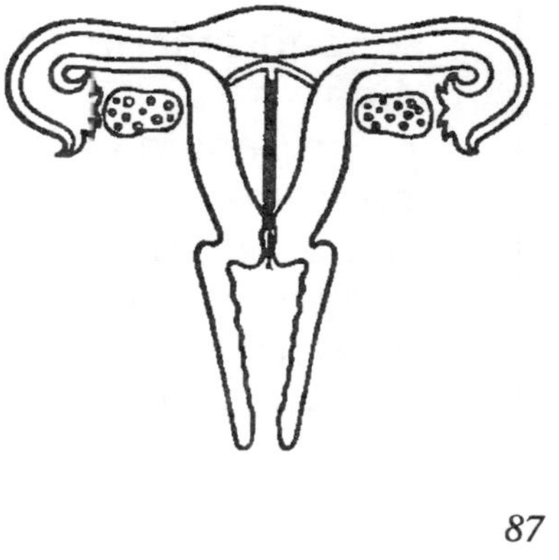

PRÓS

Pode ser usado por mulheres de qualquer idade. Evita a gravidez por tempo prolongado, com a grande vantagem de ser reversível. Não interfere no relacionamento sexual nem na lactação; e, quando bem tolerado, não exige nenhuma disciplina nem preocupações diárias por parte da mulher.

CONTRAS

Torna a região mais vulnerável, favorecendo a disseminação de infecções locais e a chegada rápida de microorganismos ao interior uterino. Se não tratadas a tempo, talvez as trompas se infectem, em alguns casos provocando obstruções que podem levar à esterilidade. **Atenção:** as infecções não são causadas pelo DIU em si, mas facilitadas pelo fio utilizado para retirar o artefato, e que funciona como condutor. Atualmente, os DIU vêm equipados com fio de náilon, ao qual se atribui melhor proteção.

Gravidez tubária é outro risco, embora muito raro. Acontece o seguinte: algum espermatozóide escapa à ação dos sais de cobre ou da progesterona no útero; se fertilizar um óvulo "*atrasado*" na trompa, o ovo talvez não "*caminhe*" para o útero, porque o DIU perturba os movimentos naturais da região. E aí a nidação ocorre na própria trompa. O problema só tem solução cirúrgica, mas a porcentagem da gravidez tubária é apenas um pouco superior à das mulheres que não usam DIU.

Resumindo: o DIU é contra-indicado nos seguintes casos:

- Mulheres com malformações do útero, miomas e cervicites.
- Sangramentos vaginais de origem desconhecida.
- Em seguida a uma endometrite — inflamação da camada interna do útero, após o parto ou depois de um aborto infectado.
- Após gravidez nas trompas uterinas (gravidez ectópica).

VEJA SE SERVE PARA VOCÊ

• **Indicações:** usado por mulheres de todas as idades; em pacientes com problemas hormonais, mamários, cardíacos, renais, diabéticas, fumantes; durante a amamentação; necessidade de contracepção por período longo.

• **Contra-indicações:** gravidez, ou suspeita de gravidez; malformação do útero; miomas; cervicites ("feridinhas" do colo do útero); anexites (infecção nas trompas e ovários); sangramentos vaginais de origem desconhecida; após endometrite (infecção na camada interna do útero); câncer do colo do útero; depois de aborto infectado; após gravidez nas trompas; alergia ao cobre (válido só para os DIU com esse metal); e doença sexualmente transmissível.

CUIDADOS ESPECIAIS

• **Cada tipo de DIU tem um tempo de validade;** o de polietileno pode permanecer até cinco anos; o de polietileno com cobre, três, e o de polietileno com progesterona, no máximo um ano. Ultrapassados esses prazos, o DIU precisa ser retirado e substituído por outro, se você continuar utilizando o método.

• Sempre que suspeitar de alguma infecção no seu parceiro, peça-lhe para usar camisinha.

• Durante a primeira semana após a colocação do DIU, evite os banhos de imersão no mar, piscina e banheira.

• Se houver alguma anormalidade como dor ou outro problema qualquer, não tente remover o DIU sozinha; procure o seu médico.

• **Vá logo ao ginecologista se sentir dor no baixo-ventre ou durante as relações sexuais**, febre de origem indeterminada, sangramento anormal, corrimento, atraso menstrual ou sinais de gravidez.

• Antes de colocar um DIU com cobre, use uma bijuteria desse metal durante alguns dias para ver se lhe provoca alergia. O teste é grosseiro, mas há testes de laboratório que determinarão com precisão se você é alérgica, caso tenha uma reação com a bijuteria.

PÍLULA OU ANTICONCEPCIONAL ORAL

Drágeas à base de hormônios femininos, para uso oral. A maioria contém estrógenos e progesterona — **são as pílulas combinadas**. Mas há pílulas feitas apenas de progesterona — **as minipílulas**.

Os hormônios artificiais da pílula combinada bloqueiam a ação do hipotálamo e da hipófise, desequilibrando a produção de estrógenos e progesterona; em conseqüência disto não há ovulação, condição básica para a fecundação.

As mesmas alterações hormonais que impedem a ovulação produzem outros dois efeitos contraceptivos:

• A consistência do muco cervical se torna mais espessa, dificultando a "*viagem*" dos espermatozóides até as trompas, local ideal para o encontro com o óvulo.

• A camada interna que reveste o útero — **endométrio** — não se desenvolve de modo adequado a abrigar o óvulo fecundado.

Já as minipílulas, que atuam pouco sobre a hipófise, nem sempre inibem a ovulação; agem predominantemente sobre o muco cervical, tornando-o hostil aos espermatozóides.

A cartela das pílulas combinadas tem 21 drágeas que devem ser tomadas assim: o primeiro comprimido no quinto dia do ciclo menstrual, ou seja, cinco dias após o início da menstruação. Por exemplo: se o sangramento começar na segunda-feira, inicie a cartela na sexta e prossiga tomando uma pílula por dia até o final da cartela.

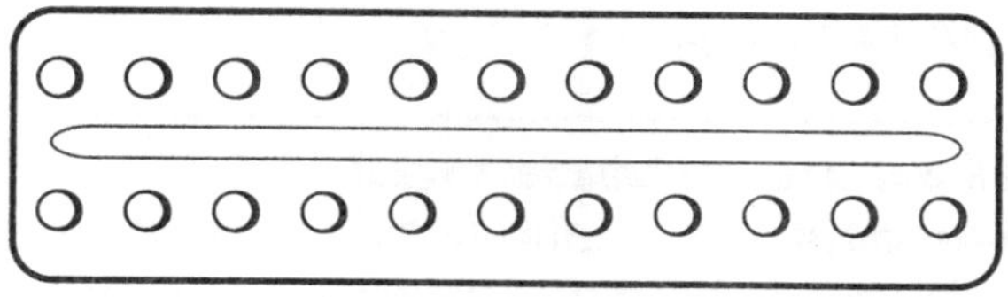

EFICÁCIA

As pílulas combinadas têm eficiência de 99,15% a 99,7%, quando usadas corretamente. Já as minipílulas são pouco menos eficazes: têm chances de falhar ao redor de 5%.

PRÓS

A pílula protege durante todo o mês, independente da freqüência das relações sexuais; regula menstruações irregulares e alivia cólicas.

CONTRAS

É um produto químico que atua em todo o organismo. Por isso, 5% a 10% das mulheres apresentam um ou vários efeitos colaterais. **Os mais comuns são: manchas na pele; dores nas mamas; redução do fluxo menstrual.** Os mais raros: acne; aumento de pêlos no corpo (**hirsutismo**); formação de telangiectasias (**vasinhos vermelhos nas pernas que lembram rabiscos**); e mudança no comportamento sexual, com diminuição da libido.

Outro efeito colateral é o tromboembolismo — formação de coágulos nas veias e artérias. O problema se deve aos estrógenos, que alteram os fatores de coagulação do sangue; em decorrência, facilitam a formação de coágulos que podem atingir, por exemplo, o cérebro, a retina e os pulmões.

Há também o aumento do risco de doenças cardiovasculares, devido à progesterona, que altera o equilíbrio das gorduras, favorecendo a arteriosclerose. Resultado: aumenta a incidência de doenças cardiovasculares, especialmente nas fumantes.

Pílulas combinadas

• **Indicações:** anormalidades graves do útero; cólicas e hemorragias abundantes durante a menstruação; inexistência de fatores que possam impedir o seu uso.

• **Contra-indicações:** amamentação; adolescentes antes de completar dois anos da primeira menstruação; diabetes; pressão alta; distúrbios de rim, fígado, vesícula e coração; taxas elevadas de colesterol no sangue; corrimentos rebeldes; distúrbios neurológicos como a epilepsia; obesidade; flebites; pacientes com glaucoma ou catarata; tumores dependentes de estrógenos como, por exemplo, os cânceres de mama e os de colo do útero.

Não há provas de que a pílula cause câncer, mas, ao que tudo indica, os estrógenos da pílula eventualmente estimulam o crescimento de cânceres em mulheres que já têm o tumor, piorando o prognóstico.

Minipílulas

Uso restrito, indicado apenas para as mulheres com mais de 35 anos; intolerância aos estrógenos; durante a amamentação.

CUIDADOS ESPECIAIS

• **De preferência, tome sua pílula sempre à noite,** para não esquecê-la.

• De manhã, revise a cartela para se certificar de que você tomou a pílula da noite anterior. Se esqueceu, tome-a imediatamente, se for do tipo combinado e, à noite, engula normalmente aquela estipulada para o dia. Caso seja a minipílula, é melhor jogar fora a cartela e reiniciar na outra menstruação, **pois a falta de um comprimido é suficiente para comprometer a eficácia.**

• Se você esquecer a pílula combinada por mais de dois dias, jogue fora a cartela e espere a menstruação seguinte, utilizando camisinha ou diafragma. Recomece novamente no quinto dia da menstruação.

• Após sete dias de descanso, reinicie a nova cartela, mesmo ainda menstruada.

• Caso a menstruação não venha após o uso da pílula, faça um teste de gravidez antes de começar nova cartela.

• **Se a pílula lhe causa enjôos ou vômitos, experimente-a após o jantar.**

• Na presença de alguma anormalidade no organismo, procure logo o seu médico.

• Ao decidir engravidar, é recomendável interromper a pílula durante três meses antes de "*encomendar*" o neném, além de desintoxicar o organismo, o prazo permitirá ao endométrio tornar-se mais adequado para receber o ovo.

• O ideal é que as fumantes parem ou diminuam muito o cigarro, se quiserem adotar o método.

ANTICONCEPCIONAIS: DÚVIDAS DAS ADOLESCENTES

Tomo a pílula por contra própria. Será certo?

Pesquisa recente do jornal *Folha de S. Paulo* sobre anticoncepcionais constatou que 23% das usuárias de pílula (entre 15 e 45 anos) optaram pelo método por conta própria. A conduta é preocupante, pois o anticoncepcional oral — à base de hormônios que atuam em todo o organismo — não é tão inofensivo como parece.

Isso não significa que o anticoncepcional oral seja imprestável, veja bem. É um método indicado para muitas mulheres e tem as suas vantagens: é eficaz, regulariza a menstruação, reduz as cólicas. Portanto, se você está pensando em adotar a pílula ou já a usa sem orientação médica, consulte um ginecologista para avaliar a sua saúde; se houver algum impedimento, ele mesmo ajudará você a encontrar um método adequado. Caso receba sinal verde, use apenas a pílula recomendada por seu médico; visite-o anualmente para verificar se continua a ser o método mais indicado, e interrompa dois meses após cada nove meses de uso.

Quando convém interromper a pílula anticoncepcional? Tomo há sete meses e estou pensando em parar um pouco e usar a tabela, já que o meu ciclo menstrual é perfeitamente regular, de trinta dias.

Atualmente, o uso prolongado de pílulas anticoncepcionais não é recomendado pela maioria dos médicos. A precaução visa permitir à mulher verificar periodicamente se o anticoncepcional provoca alguma alteração nos padrões menstruais. De quebra, desintoxica um pouco o organismo. Por isso, recomendo a você usar a pílula durante nove meses, descansar dois e depois, se quiser, retomar o anticoncepcional oral. Quanto à tabela, pode usá-la tranqüilamente, já que a sua menstruação é regular. Há vários modos de fazer os cálculos. Bem prático é dividir o total de dias do ciclo — no seu caso, trinta por três. Feitas as contas, fica assim a sua fertilidade: nos dez primeiros dias, a contar do primeiro dia da menstruação, não existe risco de engravidar; nos dez seguintes, quando ocorre a ovulação, há perigo — são os seus dias férteis; e nos dez últimos você está infértil novamente.

Tomo, há muito tempo, pílula anticoncepcional. Ultimamente venho sentindo uma coceira na vagina, queda de cabelos, pernas inchadas, dores nas costas, suor intenso. Além disso, ando muito deprimida. O que faço?

Não se pode tomar anticoncepcional durante muito tempo. Mesmo com as pausas, o uso prolongado de pílulas acarreta muitos distúrbios na mulher. Já a coceira na vagina pode ter outras causas. Por exemplo, micose, distúrbio geralmente seguido de corrimento. Quanto à depressão, é possível que os próprios sintomas a deixem deprimida. Pare imediatamente com a pílula e consulte sem demora um ginecologista. Ele a orientará sobre o anticon cepcional. De outro lado, alguns medicamentos e aplicações locais resolverão o problema do corrimento. Cuide bem de seu corpo. Você vai melhorar.

Optei pela pílula anticoncepcional. Tenho 17 anos. Minha dúvida: se esquecer de tomá-la um dia e engravidar, quais os efeitos sobre o feto? Escolhi o método melhor?

O anticoncepcional oral é bom para mulheres que não são obesas, não fumam, não sofrem de moléstias cardíacas e infecciosas e não são anêmicas, hipertensas ou diabéticas. Entretanto, o acompanhamento médico é imprescindível para a realização de exames de rotina; e você precisa estar muito alerta para modificações no seu corpo. Normalmente, não se pode esquecer de tomar a pílula. Se o esquecimento for de 24 horas, o efeito contraceptivo permanece. Do contrário, a gravidez é possível. Nesse caso, os efeitos são "pequenos" para o feto; porém cada embrião reage de forma diferente ao estímulo hormonal. Existem, na literatura médica, relatos de feminização e masculinização de fetos, com doses mínimas de progesterona. Então, se você esquecer e ficar grávida converse com seu ginecologista para verificar a dose que tomou. Felizmente, hoje em dia, a maioria das pílulas são de baixa dosagem hormonal. Mas é melhor prevenir do que remediar.

Venho sentindo dor nos seios no período em que tomo pílula. Meus exames estão normais. Que faço?

É comum uma ligeira sensação dolorida nas mamas, no período pré-menstrual, o que não deve ser motivo para preocupações; no entanto, se há dor intensa (mastodinia), o anticoncepcional é contra-indicado, porque acentua as dores.

No caso, sugiro o uso de algum outro método contraceptivo, ou somente de anticoncepcionais à base de progesterona. Lembro, aqui, que a vitamina B6 também auxilia o desempenho hormonal e que a ginástica e a dieta alimentar saudável (sem exageros de sal, açúcar e gorduras) só lhe farão bem. Evite principalmente o álcool e o fumo. Aconselho o seu acompanhamento por um ginecologista — no mínimo duas consultas anuais. E continue fazendo auto-exame das mamas uma vez por mês, sempre após o período menstrual.

O que são curativos vaginais?

Para quem não sabe, "curativos" vaginais são um tipo de anticoncepcional aplicado por parteiras e "curiosas", muito usado na periferia das grandes cidades e no interior do Brasil. O método consiste em introduzir no colo do útero, durante a menstruação, substâncias cáusticas como a creolina e o iodo, entre outras. Injetadas com seringa ou pêras de lavagem, destroem as paredes internas do útero e provocam reação inflamatória; depois ocorre uma cicatrização anormal, formando-se através do endométrio (o revestimento interno do útero); e estas impedem os espermatozóides de atingirem as trompas, funcionando, então, como contraceptivo.

Os "curativos" têm outras conseqüências: inflamações; diminuição da menstruação; dor abdominal durante a relação sexual ou na realização de algum esforço. Infelizmente, não é só isso. As substâncias podem penetrar muito mais profundamente e chegar às trompas, inflamando-as e causando séria obstrução. Resultado: a esterilização não-cirúrgica da mulher. Tal efeito pode ser conseguido com apenas umas quatro ou cinco aplicações.

Por todas essas razões, o "curativo" deve ser riscado imediatamente da lista de anticoncepcionais. Se você usa, abandone-o e procure um ginecologista para tratar as eventuais seqüelas. Se não, nem cogite dele. Há outros métodos menos lesivos à saúde, que não esterilizam.

Mantenho relações sexuais com meu namorado e tenho medo de engravidar. O único cuidado que tomamos é o de retirar o pênis antes da ejaculação.

O coito interrompido não é um método seguro. A maioria dos homens não tem controle para tanto. Supondo que seu namorado tenha, ainda assim existe o risco de você engravidar: antes da ejaculação, acumulam-se espermatozóides no canal da uretra e estes podem atingir o óvulo. Maior segurança vocês terão se ele usar camisinha, nos dias férteis, associada à tabela e à colocação do diafragma. Vá a um ginecologista para conversar sobre o método ao qual vocês possam se adaptar melhor. Converse também com o seu parceiro. Se houver gravidez, sem dúvida ele será o co-responsável.

O método anticoncepcional conhecido como* coitus interruptus *impede a transmissão da AIDS?

O coito interrompido, praticado há séculos como forma de impedir a gravidez, é totalmente ineficaz na prevenção da AIDS. E a razão é simples: o vírus transmissor da doença está presente nos fluidos orgânicos, não apenas no esperma. Assim, durante a relação, seja vaginal ou anal, basta o contato com o muco dos órgãos sexuais, ou a troca de sangue proveniente das microlesões que normalmente ocorrem durante a penetração, para que se estabeleça o contágio.

Gostaria de saber sua opinião sobre o RU-486, a pílula do mês seguinte.

Os médicos dividiram suas opiniões sobre a pílula abortiva desde o Congresso Mundial de Ginecologia, realizado em outubro de 1988 no Rio de Janeiro. Os motivos foram de ordem pessoal, religiosa ou mesmo científica. Vou abordar a questão do ponto de vista científico. Trata-se de um medicamento novo, que interrompe a gestação até dez dias após o atraso menstrual. As pesquisas foram feitas na Índia, China e França em mulheres internadas, examinadas antes, durante e depois da ação do medicamento. Tiveram vômitos, hemorragia e algumas precisaram de curetagem (raspagem do útero), pois o RU não induziu o aborto no primeiro momento. Alguns médicos perguntaram: o que vai ocorrer com a mulher que não aborta? O que pode acontecer com mulheres não internadas em hospitais, e portanto sem assistência médica? Se o RU-486 for comercializado, quem garante os exames da paciente antes e depois da pílula? Será que essa mulher vai ser acompanhada adequadamente no Brasil? Para mim, as complicações do novo remédio ainda não foram suficientemente esclarecidas. Acredito que o efeito do remédio sobre a mulher deve ser aprofundado, do ponto de vista físico e psicológico, bem como os sobre o feto.

Doutora, eu queria ter mais um filho, só que "amarrei" as trompas. O que faço agora?

Infelizmente, a queixa tornou-se rotina. Arrependidas de terem feito *laqueadura* ou *ligadura das trompas*, muitas mulheres buscam os serviços de saúde para reverter o processo.

A laqueadura — ao contrário do que muitos pensam — não é um método anticoncepcional transitório. Consiste, na realidade, na esterilização cirúrgica da mulher. Através de um corte ao redor do umbigo ou na altura dos pêlos pubianos, o médico atinge as trompas e esmaga uma pequena porção delas com uma pinça; em seguida, passa um fio especial à sua volta, como se amarrasse uma fita. Impede-se, desta forma, o encontro do óvulo com o espermatozóide nas trompas, e conseqüente fecundação.

Do ponto de vista orgânico, a laqueadura não traz malefícios. O grande problema é psicológico. Diante da impossibilidade de ter mais filhos, muitas mulheres passam a se sentir "castradas"; algumas chegam a achar que se tornaram frígidas, embora a ligadura não interfira no orgasmo.

Não é só. Em função dos mais diversos motivos — algumas, inclusive, desejam outro filho — algumas mulheres querem desfazer a ligadura. E é exatamente aí que está o maior problema: desfazer a ligadura é caro e difícil. As possibilidades de sucesso ficam em torno de 55% a 65%; se a intervenção for realizada cinco anos após, as chances de êxito progressivo diminuem.

Antes de tomar esta decisão, portanto, discuta o assunto com o seu parceiro; afinal, a contracepção é um problema dos dois. Que tal tentarem o diafragma, a camisinha ou a tabela?

Se estiver mesmo decidida a fazer a laqueadura, saiba que a operação só deve ser feita após os trinta anos de idade e quando você já tiver dois filhos.

Para me livrar de uma gravidez indesejada tomei, sem orientação médica, chás, cápsulas e injeções à base de hormônios. Como não resolveram, submeti-me ao aborto pelo método de sucção. Gostaria de saber quais as conseqüências de tal intervenção no meu organismo?

A mulher corre, em geral, sérios riscos para resolver uma gravidez indesejada. Felizmente, você passou pela maior parte deles sem danos maiores e o método usado por você é um dos menos prejudiciais à saúde. Mas o importante agora é saber se a intervenção deixou seqüelas. Em algumas mulheres, além de problemas psicológicos, motivados pela culpa, o aborto pode ter conseqüências orgânicas, como a aderência das paredes do útero, obstrução nas trompas e distúrbios hormonais.

Sempre que chega uns cinco dias antes de vir a minha menstruação sou acometida de fortes dores nas costas, cabeça, seios, e um desânimo danado. O que será isto?

Ao que tudo indica, você tem um problema freqüente entre as mulheres — a tensão pré-menstrual (TPM). Além dos sintomas citados, ela pode também causar inchaço nas pernas e pés, fadiga, irritação e mau humor. É fundamental, portanto, você procurar seu médico para saber como estão seus hormônios. Pratique natação ou corrida e faça uma alimentação rica em frutas, verduras e carnes magras. Reduza o sal, açúcar, massas.

A ADOLESCENTE ESTÁ LIGEIRAMENTE GRÁVIDA. E AGORA?

10

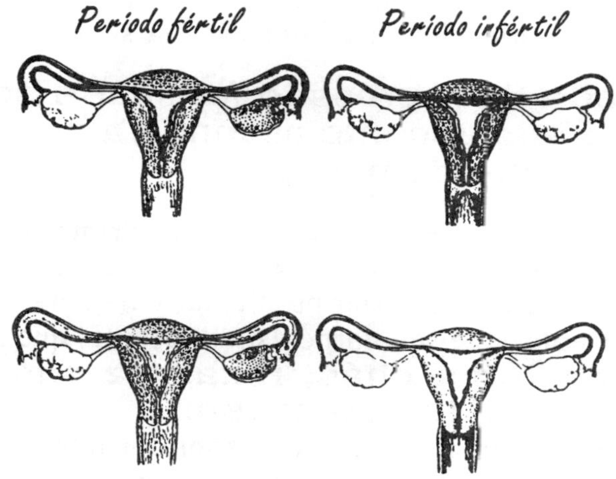

Sonhar é próprio da adolescência. Ter fantasias também.

Nos sonhos e nas fantasias nada é impossível, tudo pode acontecer.

É natural namorar um príncipe encantado, com ele formar o par perfeito para viver num castelo, na Ilha da Fantasia, longe de tudo e de todos.

De repente a adolescente acorda e descobre que o príncipe virou sapo e que não há castelo, o que ela tem são grandes dúvidas: "*O que está acontecendo comigo?*" "*Por que minha menstruação não veio no dia certo?*" "*Por que ele não veio ontem?*" "*Não entendo por que minha mãe faz tantas perguntas.*"

As adolescentes não identificam com facilidade os sintomas da gravidez e muitas vezes não a associam ao relacionamento sexual.

Que um mais um possa ser três jamais passa pela cabeça da adolescente. Normalmente nega a gravidez, espera a menstruação, vai ao banheiro toda hora achando que menstruou; acorda e pensa: "*Hoje vai descer*", e os dias passam...

A adolescente se confunde: "*Estou ligeiramente grávida, mas vai passar.*" A mãe fala: "*Eu acho que minha filha está grávida*", e esse achar já é uma certeza, uma certeza não-admitida, mas uma certeza sentida.

O medo da repressão familiar e social faz com que a adolescente esconda a gravidez até o aparecimento da barriga.

Por causa desse medo, durante os três primeiros meses (**os mais importantes da gestação**) a adolescente não toma cuidados básicos, o que pode criar problemas para ela e para o bebê. Ela não quer notar que seu corpo está diferente, que sua barriga está crescendo. Toma chás, reza, faz simpatias e promessas, e o tempo passa...

Mas, se é esclarecida, vai a um laboratório fazer um exame, com o dinheiro que pediu emprestado. Daí a certeza de que está grávida; por um momento fica feliz: "*Eu sou fértil*".

No caminho de casa, pensa: "*E agora, o que vai acontecer? Que meus pais vão pensar?*" Em casa, tenta contar, mas os pais não têm tempo de ouvi-la.

A adolescente mais desinformada deixa passar o tempo e pensa "*É um atraso normal, acho que fiquei nervosa, toda vez que fico nervosa atrasa; já aconteceu antes*", até que alguém descobre e esse alguém na maioria das vezes é a mãe: "*E agora? como vou contar a seu pai?*" "*E seus irmãos?*" "*O que é que os vizinhos vão falar?*" "*Que sina, mais uma desgraça na família.*" "*Não bastam os problemas que temos?*"

É cada vez maior a porcentagem de adolescentes que procura o profissional de saúde no terceiro ou quarto mês de gestação para saber se estão grávidas.

É comum também chegarem ao final da gravidez ainda negando-a, por medo, por insegurança.

É uma situação também muito freqüente: a adolescente entra com sua mãe na sala do médico; seu corpo denuncia gravidez, mas antes que alguém fale, a mãe diz: "*Daqui a pouco eu saio, o problema de minha filha é muito simples, a menstruação está atrasada; sabe, doutora, já aconteceu antes, o que a senhora acha?*" Outras vezes a adolescente vem acompanhada da amiga que fala por ela.

Por mais que conversem com seus filhos, os pais também, por mecanismo de negação, não admitem o que está acontecendo; a filha está sem menstruar, mais gorda, diferente...

A sós, a adolescente pensa: "*Tenho medo de estar grávida, não quero que meus pais saibam.*" Após examiná-la, verifica-se que está de cinco meses. "*Meu namorado está viajando, não vai querer saber.*" Ou "*Meu namorado não vai assumir, faz tempo que não aparece.*"

Os filhos são assexuados para os pais.

Estes querem continuar sendo mães e pais de crianças, e crianças não engravidam. **Não admitem que as adolescentes possam ter sensações adultas, ter relações sexuais, quanto mais estarem grávidas.**

A aceitação da gravidez da filha passa por um processo de elaboração, pois é complicado admitir que, de pais, passarão a ser avós, e aí os sentimentos de culpa e cobrança afluirão: "*Em que falhei?*", "*Conversei tanto, por que não deu certo?*", "*A culpada é a mãe, sempre acobertando-a*", "*Você é o pai: onde estava o tempo todo?*"

Os adolescentes de hoje têm pais na faixa dos quarenta a cinqüenta anos; **pais que viveram sua adolescência numa época em que os papéis do homem e da mulher eram definidos**, os problemas sociais eram outros, a mulher sonhava com o enxoval e o casamento e os fantasiava, e em que era freqüente que a primeira relação sexual do homem ocorresse com a prostituta.

A partir dos anos 60, são aguçadas as discussões sobre o papel da mulher na sociedade, intensificam-se as propagandas sobre a situação e os direitos femininos. Misturam-se na cabeça das mulheres o sim, o não, o talvez, o posso, o não posso, e o que é "*certo*" e o que é "*errado*" se confundem. A mulher passa a se dividir entre o trabalho, o lar e os filhos.

A sociedade em que vivemos valoriza os bens materiais, o sucesso financeiro, profissional e político, o competir, o ser melhor, o mais bonito, o mais forte, o mais estudioso; não basta vencer, é preciso ser o melhor, não basta ganhar nas Olimpíadas, é preciso bater recordes.

Nesse sentido, as mães desejam que seus filhos sejam os melhores e de repente "*algo falha*"; sua filha está grávida e ela entende que isso significa um corte em suas aspirações. No lugar de compreensão e afeto, extravasam a perda de suas perspectivas: "*Eu que não sabia nada de métodos anticoncepcionais, eu que tive que casar virgem e aprender a transar na noite de núpcias, eu que lhe ensinei tudo, você que podia ser diferente...*"

Esse tipo de discurso nos mostra quanto os pais se comportam como **a escola tradicional que informa, domestica, treina, perpetua conceitos, mas não educa.**

O rapaz muitas vezes também é adolescente e não acredita que possa ter engravidado alguém, achando que com ele não aconteceria, pois é possuidor de uma poção mágica: "*Não é possível. Acho que não é meu, ela dava bola pra outros rapazes.*" Tornar-se-á vítima aos olhos da família, que deseja protegê-lo contra a "*sedutora*". O adolescente é incentivado a ter relações sexuais — "*Agora você é potente*"—, mas não é alertado de que pode se tornar pai; jamais ouvimos: "*Cuidado, você pode engravidar alguém.*"

Desinformado, o adolescente não associa a ejaculação com a possibilidade de se tornar pai; não relaciona a gravidez com o fato de seu espermatozóide ter-se unido ao óvulo da adolescente.

Será que sou o pai?

Passada a fase de negação, a adolescente será acusada: "*Como você permitiu essa gravidez?, Você é uma mentirosa, dizia que tomava pílula*"; e será transformada na única responsável, como se a gravidez viesse de longe, não do ato sexual.

No caso de o rapaz assumir a paternidade, a adolescente muitas vezes pagará muito caro.

Será cobrada e humilhada: "*Nossa! Como você está diferente*", "*Eu hoje vou sair com alguns amigos*", "*Você quis casar, agora tem que fazer o que eu quero*". Ele continuará idêntico, fazendo tudo o que fazia antes e ela curtirá sozinha sua solidão. **O viver a dois induzido, não-programado, é um problema concreto**; o adolescente não foi preparado para ser pai, por isso dificilmente estará disposto a viver com limitações.

Se o companheiro é mais velho, em geral demora a assumir a participação na gravidez.

Espalham-se os comentários de que "*está perdida*", "*ele fez mal a ela; sendo mais velho, deveria saber que isso ia acontecer*", o que se passou, o significado do relacionamento, como está se sentindo a adolescente não é considerado, a solução sempre é encontrada na proposta de casamento.

A adolescente quase sempre está muito sozinha no processo da descoberta da gravidez, e em inúmeros casos sozinha terá de assumi-la. Será cobrada pela mãe, pai, irmãos, o que dificultará seus novos vínculos amorosos, a sua auto-estima enquanto ser humano, levando-a à idéia de que nunca mais será a mesma, nunca mais será feliz, nunca mais poderá se apaixonar nem ter momentos gratificantes, e isso a desnorteará.

> Após a primeira gravidez, a adolescente, casada ou não, deve ser amparada, cuidada, assumida como um ente fragilizado, despedaçado. Cabe a todos nós ajudá-la a juntar os pedaços.

COMO JUNTAR OS PEDAÇOS

11

Desde algum tempo a medicina dividiu o ser humano em pedaços.

Algumas tendências da ginecologia separaram a mulher em útero, ovários e vagina.

Hoje, existe a necessidade de se reverterem essas idéias e se olhar a mulher da cabeça aos pés, como um todo físico, um todo psicológico, um todo social.

Muito já se falou sobre riscos físicos da gravidez na adolescência, e mais recentemente tem-se valorizado os riscos psicológicos e sociais.

Quanto aos riscos físicos, ressalta-se que um acompanhamento eficaz e integral, ainda que o pré-natal se inicie tardiamente, poderá diminuí-los. Também são da maior importância os cuidados durante o parto e o pós-parto e o acompanhamento das crianças de mães adolescentes.

As estatísticas de mortalidade materna, apesar de terem diminuído no decorrer deste século, continuam elevadas nos países do Terceiro Mundo, isto é, entre cem e trezentos óbitos por cem mil nascidos vivos.

Nos países desenvolvidos as taxas são da ordem de sete a 15 óbitos por cem mil nascidos vivos. No Brasil, em 1980, ocorreram 150 mortes maternas por cem mil, o que em números absolutos são cinco mil mulheres que perdem a vida anualmente por complicações na gravidez, no parto e no puerpério.

As mulheres adolescentes constituem um grupo de risco quanto à gravidez precoce que pode prejudicar seu físico ainda imaturo e impedir o desenvolvimento normal de seu crescimento.

A eclâmpsia ou doença hipertensiva específica da gestação é a principal causa de morte materna nesse período e se traduz através da presença de três fatores: edema (**inchaço**), hipertensão (**pressão alta**) e proteinúria (**proteínas na urina**), que podem ser acompanhadas de convulsão e risco de morte para a mãe e o bebê. As taxas de anemia aumentam nas adolescentes grávidas menores de 16 anos, comprometendo o desenvolvimento da gravidez, o que poderá acarretar crianças com baixo peso ao nascer (**menos de 2.500 gramas**), prematuridade e maior incidência de mortalidade infantil; daí a necessidade de uma alimentação mais adequada com maior oferta de **proteínas e calorias**. Salienta-se, mais uma vez, a importância de um acompanhamento integral dessas adolescentes.

Em nível psicológico, a gravidez é vivida como um período de muitas perdas. É o corte no desenvolvimento, a perda total da identidade: "*Quem sou eu? Criança, adolescente, jovem ou mulher*?"; a interrupção da formação educacional e/ou profissional, a perda da confiabilidade da família; muitas vezes é a perda do namorado ou companheiro que não quis assumir a gravidez; é a perda da expectativa de futuro, do sonho de ser diferente da mãe, da idealização de profissões que estão na moda, geralmente impostas pelos meios de comunicação; e também a perda da independência adquirida junto aos pais, para a submissão ao marido, quando houver casamento, numa perda da proteção da família que agora a vigiará dia e noite.

As adolescentes devem ser amparadas por todas as pessoas que as cercam e devem ser preparadas física e psicologicamente no pré-natal, não só para o parto como também para o puerpério e a amamentação.

Os serviços de saúde não estão ainda adequadamente preparados para receber a gestante adolescente. Observações feitas por profissionais de saúde às adolescentes grávidas são freqüentemente carregadas de valores e preconceitos, revelando o despreparo para tratar a questão: "*Deveria estar brincando com bonecas.*" "*Não vá engravidar novamente, tome juízo.*"

As equipes que lidam com adolescentes necessitam ter sensibilidade para perceberem a adolescente na sua totalidade física e psicológica, respeitando as suas origens, seus preconceitos, seus tabus, uma vez que são o seu próprio substrato afetivo-cultural.

Poucos serviços acompanham a menor adolescente após o parto, muitas vezes um episódio traumático pela importância do ato de criar e socializar um filho. É necessário que ela seja acolhida e assistida para que posssa continuar sua vida.

É importante que a adolescente tenha oportunidade de juntar seus pedaços e de retomar seu papel de mulher, de adolescente e de cidadã.

Ela necessita estar inteira para vivenciar seu papel de mãe e se permitir ter ou não novos relacionamentos, planejar a sua atividade sexual, repensar sua vida escolar e profissional, desenvolver sua auto-estima para poder, como é seu direito, viver plenamente.

FELIZES PARA SEMPRE

12

Os adolescentes, por suas próprias características, não elaboram critérios equilibrados nem definitivos sobre os diferentes aspectos da vida.

Daí o constante fazer e se arrepender, o prometer e o não-cumprir. Ao mesmo tempo em que num dia tomam atitudes aparentemente seguras, no outro decidem o contrário; o amar e o odiar loucamente não podem ser considerados como premissas eternas. Algo que lhes traz uma embriagadora sensação de felicidade pode transformar-se na mais profunda decepção.

Esses comportamentos antagônicos são parte do dia-a-dia do adolescente diante de circunstâncias das mais simples, e é claro que também ocorrerão diante de uma situação objetiva e concreta, no caso, por exemplo, de sua namorada estar grávida.

Os olhares carinhosos tornam-se assustados... E agora? "*Vamos contar, assumir, morar juntos.*" "*Nada de mal vai acontecer.*" "*Vamos dar o melhor pro nosso filho... Ele vai nascer no melhor hospital*", como se tudo isso pudesse acontecer num passe de mágica.

Sem emprego, sem onde morar, sem independência econômica, resolvem assumir responsabilidades para as quais não estão preparados e constituir família sem antes adquirirem seus direitos de cidadãos.

A família decide festejar a união com uma festa inigualável para esconder a frustração; a filha adolescente não é mais virgem e está grávida. Tudo é articulado para que a adolescente volte a sonhar com a "*primeira noite*", como se nada houvesse acontecido antes, e se prepare para realizar seu sonho encantado. Esse casamento, realizado às pressas, num clima artificial, sorrisos forçados, olhares de insinuação, um vestido de noiva que esconde a barriga, um segredo no ar, é mais um momento de não-responsabilidade perante a gestação, pois é esquecido temporariamente o principal motivo que o determinou: a gravidez.

A fantasia passou, o espetáculo acabou... Começa o dia-a-dia não preparado para ser vivido a dois e muito menos a três.

A adolescente ainda não cortou o cordão umbilical, desconhece a sua identidade e já tem dentro de si um novo ser que depende exclusivamente dela... ainda tão dependente.

O marido nem sempre é o companheiro de que precisa; ele também se comporta como uma "*criança*" que foi retirada abruptamente das atividades próprias de sua idade, está casado com "*criança*" e juntos serão pais de mais uma criança. Como ainda não tem seu papel definido na sociedade, entra em conflito consigo mesmo e com ela, pondo em risco o que foi prescrito como a receita da felicidade. Foge da situação: "*Vou jogar bola.*" "*Hoje vou chegar mais tarde*", culpa a adolescente pela "desgraça" da gravidez; este é o início de uma paternidade para a qual não está socialmente preparado: "*A gravidez era o que eu menos queria, por causa dela tive de casar.*" A família compactua: "*Por sua causa meu filho vai ser assalariado a vida inteira." "Por causa dessa criança não poderá estagiar nos Estados Unidos." "Tem que agüentar, minha filha, afinal ele casou com você." "Eu não posso fazer nada, minha filha, você que escolheu." "Ainda bem que vocês vieram morar aqui, já pensou se tivessem que pagar aluguel?"*

A adolescente sente-se abandonada pelo companheiro, por sua família, pela família dele; ninguém entende seus sentimentos no momento em que sua sensibilidade está à flor da pele; sente-se confusa e insegura. Dividir e discutir suas dúvidas, seus medos, suas fantasias, sem cobranças e sem culpas, com o companheiro ou quem quer que fosse, lhe dariam confiança e segurança em si própria e nos outros.

O diálogo e o entendimento devem servir como ponto de partida e de encontro nesses momentos difíceis do jovem casal, no sentido de que possam reconstituir aquele vínculo forte que os unia antes da gravidez.

É necessário um sentimento de responsabilidade mútua para que possam receber bem o seu bebê.

A SENSAÇÃO DE SER MÃE

13

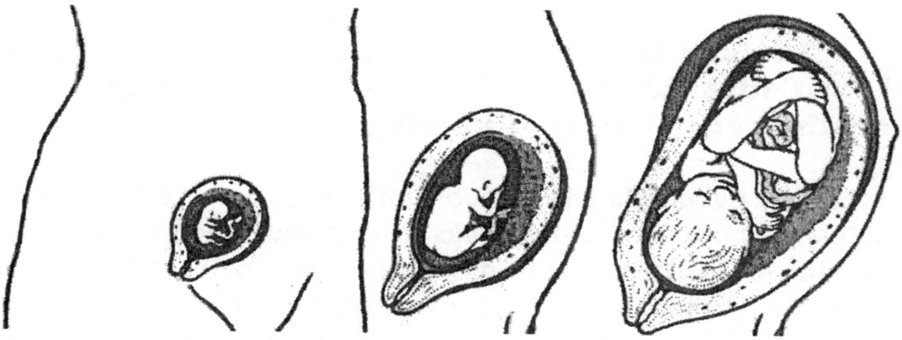

Muito poucas mulheres são preparadas para serem mãe: o ditado popular "*ser mãe é padecer no paraíso*" perdura há muitos anos. As mulheres, submissas durante séculos, tiveram de encontrar meios camuflados para rebatê-lo e cobrar de seus filhos o preço de ser mãe: "*Eu adoro você, filhinha, mas sofri tanto para te criar.*" "*Vocês são mal-agradecidas, seu pai foi embora e tive que assumir a família.*" "*Agindo assim você acaba me matando.*" "*Um dia você vai ter filhos e vai pagar tudo o que me fez.*"

Para a mulher adulta receber a confirmação positiva do exame, é confuso: "*Será que quero ser mãe?*" A sociedade não permite que ela diga "*Não quero ser mãe*", exigindo sempre que fique feliz ao receber a notícia.

Na intimidade de ambulatórios e consultórios muitas mulheres dizem: "*Não gostei de engravidar*", "*Estou com medo*" ou publicamente não falarão, mas seus organismos demonstrarão o "*não quero ser mãe*" através de vômitos inexplicáveis e dores sem causas físicas aparentes, por exemplo.

A cobrança do companheiro só faz aumetar sua aflição: "*Estas estrias vão desaparecer?*" "*Você vai ficar deformada, se não parar de engordar*"; são raros aqueles que dizem: "Você me excita com essa barriguinha." "*A gravidez deixou você mais linda.*"

Se para algumas mulheres adultas existem dificuldades na aceitação da gravidez, como fica a mulher adolescente quando engravida?

Ela, que ainda não se acostumou com o aparecimento dos pêlos, com o contorno das novas formas, tem medo de doenças e de morrer no parto; medo das coisas que ouviu: "*A dor do parto é a maior dor do mundo.*" "*Será que vou ser operada?*" "Como vai ser a carinha dele?" "*Meu filho vai nascer perfeito?*" "*Com quem vai parecer?*" "*Como vou saber que está na hora?*" "*Dá tempo de chegar no hospital?*" "*Será que vão confundir e trocar meu filho por outro?*" "*Será que terei muitas visitas?*"

Depois do parto tem agora alguém que precisa e depende dela, sente-se gratificada e valorizada por ser mãe de fato e de direito. Por algum tempo é admirada pelas amigas: "*Como você foi corajosa, não quis fazer aborto*"; amigas estas que não tiveram, em circunstâncias semelhantes, a mesma força.

GRAVIDEZ NA ADOLESCÊNCIA: O DESAFIO

14

A problemática da gravidez na adolescência é, de modo geral, enfrentada com muita dificuldade. As adolescentes, repletas de novas sensações, sentem-se tomadas por sentimentos muito fortes e às vezes até inexplicáveis para elas. Querem, "*mas não podem*", deixar se levar por essas sensações, e aí o sentimento e a razão entram em choque. As sensações fortemente excitantes acabam se comportando como um rio turbulento — inundam o árido terreno da razão —, o que na maioria das vezes faz com que as relações sexuais entre adolescentes sejam impulsivas, aumentando os riscos de gravidez.

Seus depoimentos indicam o quanto ainda está por ser feito no sentido de se prevenir esse problema; ao mesmo tempo em que pensam que a gravidez precoce não irá acontecer, a incidência das primeiras relações sexuais sem orientação educacional e científica vem ocorrendo cada vez mais cedo, aumentando o índice de gravidez na adolescência:

"Minha menstruação está atrasada... Não sei há quanto tempo. Nunca pensei que pudesse acontecer comigo. Meu namorado disse que eu posso estar grávida."

"Não sei o que está acontecendo comigo! Meu corpo está diferente. É... acho que estou engordando."

"Estou com problemas. Ninguém me entende. Eu não gostaria de ficar grávida, logo agora que meu namorado desapareceu?"

"Um bebê é uma coisa linda, mas tem sua hora, a pessoa pode ficar arrependida."

"Acho que qualquer uma deve se cuidar quando namora, para não ficar grávida."

"Acho que é muito comum nos dias de hoje; mesmo não querendo... acontece."

"Acho que não se deve ser mãe cedo, corta todo nosso futuro."

"Acho uma irresponsabilidade, porque o adolescente já sabe o que faz."

"Tudo tem seu tempo certo, tal qual uma fruta. Acho um absurdo: você nem amadurece e já engravida. Não dá certo mesmo."

"A gravidez precoce é aquela que a menina engravida antes da idade certa; essa menina não tem orientação dos pais."

"Ah! Você tem que se prevenir, não é legal ter 17 anos e ficar presa a uma criança chorando."

"Eu tenho medo, porque, se ficar grávida cedo, o bebê pode nascer defeituoso."

"Acho que a gravidez precoce não deveria acontecer, porque nem sempre dá certo."

"Bem, é terrível, uma fase difícil pra caramba."

"Ter filho é muito sério, não é brincadeira."

"Para uns, uma maravilha, para outros, um desastre."

Segundo a Organização Mundial de Saúde, adolescentes de 15 a 19 anos tornam-se mães, por ano, de 13 milhões de crianças. No Brasil, o nível de fecundidade de mulheres jovens até 19 anos aumentou entre 1970 e 1980, incremento notável nas adolescentes menores de 15 anos, embora tenhamos conhecimento sobre a queda que a fecundidade vem manifestando no total das mulheres.

Em 1970, 12% do total de nascimentos correspondia a mães entre 15 e 19 anos, em 1980, o percentual subiu para 13% e em 1984 para 14%.

No estado de São Paulo, em 1970, 6,4% de cada cem mulheres nessa faixa etária tinham um filho nascido vivo; em 1980, esse valor passou para 7,4 e em 1982 para 8,0. Em 15 anos, quase duplicou a contribuição das mulheres paulistas de 15 a 19 anos ao total de fecundidade — 7,6% em 1970 e 13% em 1985.

Em relação às adolescentes menores de 15 anos, técnicas de mensuração indicam que, em 1970, a fecundidade já era estatisticamente significativa aos 12 anos. Dados do Registro Civil acusam uma freqüência anual de aproximadamente cinco mil bebês nascidos vivos, filhos de mães menores de 15 anos, valendo ressaltar que o Registro Civil tem uma omissão da ordem de 35%.

> A gravidez na adolescência é um desafio social e não um problema exclusivo da adolescente que normalmente, fica muito sozinha nesse período, pois o companheiro, também adolescente, assustado, às vezes se afasta; os pais, defensores da moral vigente, esbravejam, agridem e levam a jovem à depressão.
> É preciso entender que a adolescente não pode, de jeito nenhum, assumir risco social algum, ou uma gravidez não-planejada.

As adolescentes engravidam por falta de informações e por desconhecimento dos métodos anticoncepcionais. Podem também engravidar por necessidade de agredir a família, por carência afetiva, por ansiar ter algo somente seu ou como penitência por ter mantido relações proibidas. Engravidam e tornam pública uma conduta clandestina, revelando o que não suportaram ou não fazia sentido manter oculto.

A gravidez na adolescência significa uma rápida passagem da situação de filha para mãe, numa transição abrupta do seu papel de mulher ainda em formação para o de mulher-mãe. Nesse sentido, é um desafio que merece preocupação redobrada e reflexão contínua da sociedade como um todo.

Já é hora de a adolescente poder se sentir inteira nas suas emoções, sem precisar pagar muito caro por seus sentimentos.

COMO EVITAR OU ENCARAR ESSA BARRA

15

As adolescentes engravidam porque estão loucamente apaixonadas. É uma explosão cercada de sonhos e fantasias. Elas passam a ser promíscuas se forem discriminadas, culpadas e acusadas pela família, porque acabam acreditando que se *"perderam"*.

É preciso vencer os preconceitos; é preciso entender que o adolescente vive uma fase de experimentações; que será necessário acreditar que a sua, a minha, a nossa adolescente pode ter uma atividade sexual e é nossa tarefa entender não o episódio em si, mas todo o processo da adolescência.

Não podemos enterrar a cabeça como o avestruz, mas devemos ter presente que a sexualidade faz parte da vida e que a adolescente tem necessidade de receber orientação e roupagens para não se sentir desamparada e nua diante da possibilidade de iniciar a atividade sexual.

É triste que os adolescentes sejam considerados grupo de risco na questão da gravidez não-planejada, das doenças sexualmente transmissíveis, da violência e da AIDS, quando deveriam estar despertando cuidados principalmente quanto a questões relativas ao seu crescimento e desenvolvimento, sua formação escolar e profissional, suas dúvidas em relação à sexualidade, por exemplo.

Entendemos que suas **expectativas de futuro** devam, necessariamente, passar pelo desafio de ter uma formação plena enquanto seres humanos, uma educação que incentive a preservação das nossas raízes, da nossa cultura popular e erudita, o conhecimento de fatos tristes, mas que marcaram épocas tão difíceis, resgatando tantos heróis anônimos perseguidos e mortos que sempre mantiveram acesa a chama da esperança, o respeito e a preservação da natureza, das nossas riquezas minerais; a importância de lutar pela paz, pela amizade e solidariedade entre os povos, uma vez que governos passados já declaram guerra a países vizinhos, e governos mais recentes transformaram nosso país no quinto exportador mundial de armas convencionais, não sendo possível falar em futuro sem falar em paz; **uma educação que discuta as origens dos preconceitos e a necessidade de se pôr fim a todo tipo de discriminação**; que incentive a auto-estima, não a auto-estima do individualismo ("*Eu sou o máximo*") e sim a auto-estima solidária ("*Vamos juntos nessa*"), com a família, os amigos, os companheiros, a comunidade; o dar as mãos num enfoque novo de não agressão, de não competição, de não violência, mas de amizade e fraternidade.

É preciso ter perspectiva de fazer esportes, o **esporte solidário**, podendo voar sem o uso da droga; de ter lazer, desde assistir ao filme por cujo "*mocinho*" está apaixonada, até ir ao teatro que nunca foi, de pôr os olhos na imensidão do oceano Atlântico, que muitos adolescentes do campo ou de cidades do interior do país nunca viram.

> Perspectivar o futuro deve ser um direito dos 28.581.876 adolescentes brasileiros para que não sejam os adultos de amanhã com os mesmos problemas dos adolescentes de hoje: problemas econômicos, afetivos, psicológicos, de relacionamento, de identidade, de falta de coragem de dizer "eu amo", "eu quero", "eu sinto", "eu sou".

O novo desafio é criar mecanismos para que os adolescentes possam pôr para fora todas as suas ansiedades, fantasias, sonhos, inclusive a falta de expectativa de futuro. Desafio este difícil de enfrentar enquanto os pais e os adultos que os cercam não forem capazes de lembrar o que sentiam quando eles mesmos eram adolescentes.

Encontrar caminhos para educar com liberdade e sem medo é tarefa urgente.

Abrir as portas de uma nova casa, com uma nova família, e de uma nova escola, com novos educadores, faz-se necessário, pois não encontrando o diálogo transparente e franco, o conforto da sensibilidade, o abraço apertado e sincero, os adolescentes continuarão a se isolar nos bandos coniventes com todos os impulsos próprios da fase da vida desses tão queridos, mas tão mal compreendidos, seres humanos.

O SIGNIFICADO DA GRAVIDEZ NA ADOLESCÊNCIA

16

Na passarela da vida, os adolescentes, filhos das cidades e dos campos, constituem o bloco da "*Manhã Desejada*".* Fantasiados de reis, rainhas, príncipes, princesas, fadas, mágicos, manequins, jogadores de futebol, pilotos de fórmula 1, atores e atrizes, heróis e heroínas, roqueiros, pagodeiros, aventureiros, conquistadores, bailarinas, surfistas, representam a moçada das fábricas, dos morros, das esquinas, das praças, das ruas, das praias, dos mercados, dos teatros e dos arados. São tantos cantando e dançando as fontes, os rios, os oceanos, o sol, o luar, os pássaros que voam livres, as raças, os povos, a amizade, o bater forte dos corações, a esperança, a paz.

Os governantes, os adultos, a família, os educadores, os profissionais de saúde e a sociedade estão convidados a julgar os quesitos dessa evolução, julgamento este muito difícil devido às múltiplas variações das características da adolescência.

Refletir sobre as ações educativas é a exigência número um.

A sociedade não pode fechar os olhos para um problema que vem aumentando em quase todos os países do mundo: a gravidez na adolescência.

O assumir o bebê, o aborto e a adoção acontecem quase sempre desprovidos de fatores de proteção e têm significados variados nas diferentes classes sociais.

Nas populações menos favorecidas, a gravidez muitas vezes é encarada como uma predestinação, e a adolescente a aceita como uma fatalidade: "*Minha mãe casou grávida com a minha idade*". "*Mais cedo ou mais tarde, isso ia acontecer.*"

O aborto, na maioria dos casos, está longe da realidade dessa adolescente, que não tem dinheiro e teria de recorrer à curiosa do

---

* Luiz Gonzaga Júnior — *E vamos à luta* — Kleiton Ramil e Beto Fogaça — *Aprendizes da Esperança.*

bairro que, de imediato, identificaria que ela é "*de-menor*" e não se atreveria a correr riscos com uma grávida já no quarto ou quinto mês, pois isso poderia comprometer sua reputação.

Outras vezes, a simplicidade do discurso: "*Ela deve ter o nenê, porque tem sempre alguém que quer*", "*Minha mãe não quer, ela vai dar*", torna-se um problema complexo, pois ninguém dá uma criança sorrindo; só uma situação de extrema dificuldade, de pressão, de necessidade de sobrevivência, faz com que a adolescente tome essa atitude. Ela não é mãe de aluguel, por isso o arrependimento vai acompanhá-la; passa a imaginar "*como ele é*", "*como seria viver com ele*", "*que andariam pelas ruas de mãos dadas*"; brinca com um ser irreal que ama, que é bonito, que cresce e não se machuca, que não fica doente, que não chora de noite, que não dá trabalho.

É difícil mensurar como se sente a adolescente que se vê na contingência de dar seu filho, a única coisa verdadeiramente sua.

Nas classes média e alta, os riscos sociais da gravidez serão diferentes, pois a adolescente estará amparada por melhores condições econômicas, mas não deixará de ser cobrada e submetida a um forte esquema de pressão, comparável a uma dívida externa que deve ser paga com altos juros e talvez nunca resgatada, caso insista em assumir a criança.

O casamento obrigatório é o caminho mais rápido para ocultar o pesadelo que ameaça os códigos de honra, o que poderá se constituir num descaminho, gerando novos conflitos e separação. Daí então será discriminada por ser mãe, adolescente, separada.

O aborto entre essas adolescentes quase sempre é decidido pelos pais ou namorados.

Estes já se informaram sobre todas as possibilidades e os melhores lugares. Poucas vezes a adolescente tem oportunidade de dizer o que pensa; o grande argumento são os riscos que uma gravidez precoce poderá acarretar, enquanto que os riscos de um aborto não são considerados.

Após o aborto, é comum a adolescente perder o namorado e a família nunca mais tocar no assunto.

É também comum vivenciar sozinha essa experiência, suas seqüelas e o sentimento de culpa não resolvido: "*Como podia agüentar a gravidez sozinha?*" "*Eu fui fraca, por isso abortei.*" "*Eu fui obrigada.*" "*Hoje eu seria mais forte se tivesse meu filho.*" Estas são manifestações comuns da síndrome do arrependimento tardio aos 28, 35, quarenta anos. Mesmo que a adolescente tenha optado por abortar, ela se esquecerá de que tomou a decisão e se questionará.

A adoção nas classes média e alta assume características próprias; são comuns os casos de mães que tomam como sua a responsabilidade de cuidar da criança, para que a filha não interrompa suas atividades na escola, no balé, no inglês, devendo seguir em frente como se nada houvesse de novo. Como fica a cabeça dessa adolescente, como pode conviver com o filho-irmão são questões a serem resolvidas, pois com certeza ela estará dividida e confusa no convívio diário.

> O aborto e a adoção, em qualquer situação, devem passar pela legalização psicológica, o que é muito difícil para a mulher e imensuravelmente mais difícil nos casos das adolescentes, que têm dificuldades de aceitar a realidade do mundo adulto e de lidar com o luto dos sonhos desfeitos.

Entendemos que a única forma de se evitar essas situações dramáticas, que põem em risco as expectativas de futuro dos adolescentes, é a prevenção, e a prevenção se faz com garantias sociais; garantias no atendimento integral à saúde dos adolescentes; garantias no acesso a uma educação integral que possa entender os aspectos da adolescência normal e oferecer o espaço para o adolescente colocar para fora seus problemas e suas dúvidas, incentivar o amor pelo conhecimento e pelos livros; garantias de acesso à cultura e ao esporte, como forma de incentivar o seu potencial criador; garantias no processo de formação profissional, de acordo com a vocação; garantias de direitos iguais entre homem e mulheres. Enfim, garantias de falar, ouvir e ser entendido.

Quando todas essas garantias estiverem efetivadas de direito e de fato, será bem mais fácil à comissão julgadora aprovar com nota dez o bloco da "*Manhã Desejada*".

Impresso no Brasil pelo
Sistema Cameron da Divisão Gráfica da
DISTRIBUIDORA RECORD DE SERVIÇOS DE IMPRENSA S.A.
Rua Argentina 171 – Rio de Janeiro, RJ – 20921-380 – Tel.: 585-2000